Heinz E. Studt

Die schönsten

PANORAMA ALPENSTRASSEN

für Motorradfahrer

30 Höhenstraßen
mit Ausblick

Inhalt

Verheißungsvolle Ausblicke

Eine »Panoramastraße« ist laut Wikipedia-Definition eine Straße, die sich vor allem durch zahlreiche Ausblicke auf außerordentliche landschaftliche Schönheiten auszeichnet und demzufolge dem Reisenden einen deutlich höheren Erholungswert zu bieten hat als herkömmliche Straßen.

An der Idee, die schönsten Panorama-Alpenstraßen endlich einmal in einem reich bebilderten Reiseführer zusammenzufassen, habe ich viele Jahre gearbeitet. Vor allem im und aus dem Mopedsattel heraus. Und jetzt endlich bin ich bereit, Ihnen, liebe Leser, meine 30 schönsten Panorama-Alpenstraßen zu präsentieren.

Und zwar explizit jene, die uns Motorradfahrer ganz besonders ansprechen, die uns ausdrücklich willkommen heißen. Jene, die nicht nur richtig hoch hinaus führen, sondern die oftmals auch fahrerisch herausfordern. Und die uns – so finde ich – in ihrer Gesamtheit weit mehr Gegenwert zu bieten haben, als sie uns an Maut kosten.

Apropos: 20 der hier versammelten 30 schönsten Panorama-Alpenstraßen sind mautpflichtig. Und gleichwohl wir Motorradfahrer in der Regel günstigere Tarife bekommen, als andere Verkehrsteilnehmer, geht die Fahrt über die hier versammelten Panoramastraßen spürbar ins Geld. Summa summarum geben Sie für alle in diesem Buch vorgeschlagenen mautpflichtigen Routen einen Betrag aus, für den Sie sich auch gute fünf Tankfüllungen bestes Superbenzin leisten könnten.

Doch viel wichtiger als diese nackte Zahl ist, dass auch Sie am Ende dieses Buches mir aus vollem Herzen zustimmen werden, wenn ich behaupte: Es hat sich gelohnt! Das Kurvenvergnügen, das alpine Abenteuer, das im und abseits des Sattels Erlebte war es uns wert. Gerade in heutiger Zeit ist unser aller Erspartes selten genussbringender investiert worden, als auf den nun folgenden 1118 Kilometern Panorama-Alpenstraßen, den nun folgenden gut 55 300 Höhenmetern bergauf, garniert mit eigenhändig gezählten 667 waschechten Spitzkehren und ungezählten Kurven.

Juckt Ihnen jetzt auch die Gashand?
Dann lassen Sie uns volltanken und das Triebwerk starten!

Viel Freude an diesem Buch wünscht
Heinz E. Studt

Bild links: Ausblicke, die jedes Bikerherz berühren – wie hier am Stoderzinken

Berchtesgadener und Salzburger Land

Eine Kombi wie aus dem Bilderbuch

Blick vom Scheitelpunkt der Rossfeld Panoramastraße hinab ins Salzburger Land

01

Deutschlands Höhepunkt Rossfeld Panoramastraße

Im Berchtesgadener Land gilt es einen Schatz zu heben, einen Schatz, den Sie sich unbedingt gönnen müssen!

Deutschlands schönster Zipfel – das herrliche Berchtesgadener Land – ist ein Ansichtskarten-Idyll, wie es schöner kaum zu finden ist. Und damit meine ich nicht nur den Königssee (dazu gleich mehr), sondern explizit auch die Rossfeld Panoramastraße. Sie bietet so herausragende Ausblicke, dass es einer davon sogar auf den Titel dieses Buches geschafft hat.

TOUR-TELEGRAMM

Land: Deutschland
Region: Berchtesgadener Land
Höchster Punkt: 1575 m
Basisort: Berchtesgaden und Hallein
Anzahl Kehren ca.: 9 (von Unterau 13)
Streckenlänge insgesamt: 27 km
Schwierigkeit: Leicht
Mautpflicht: ja (2015: 4,– Euro)
Beste Jahreszeit: Anfang Mai bis Ende Okt.
Wintersperre: Keine, von Dez. bis März allerdings Winterbetrieb
Gut kombinierbar mit: Tour 2 und 3

Die Geschichte der Straße

Kennen Sie Sanitätsrat Dr. Knorz aus Prien am schönen Chiemsee? Der hatte 1927 eine Idee. Okay, vermutlich hatte er in diesem betreffenden Jahr mehr als nur eine Idee, aber eine ganz bestimmte ist für uns von ganz besonderer Bedeutung. Denn Dr. Knorz träumte davon, Boden- und Königssee mit einer durchgängigen Straße längst der Alpennordseite zu verbinden, um dem Reisenden die herrlichen Landschaften seiner Heimat nahe zu bringen. Und natürlich ganz nebenbei den Tourismus in dieser Region mächtig anzukurbeln. Fünf Jahre zogen ins Land, bis er mit seinem Traum den damaligen Deutschen Touring Club begeistern konnte. Auch Nazi-Deutschland konnte Knorzens Traum nicht zerstören. Im Gegenteil: Der Größenwahn des seinerzeitigen Regimes verlieh dem Projekt sogenannte überragende nationale Bedeutung, die den zügigen Bau der 260 Kilometer langen Hauptroute zur Folge hatte.

Was hat das nun mit dem Rossfeld zu tun, werden Sie fragen. Ganz einfach: Die Rossfeld Panoramastraße – oder damals noch Rossfeld Höhenringstraße – sollte das »finale furioso« der Knorz'schen Alpenstraße bilden. Mit der Planung der Panoramastraße wurde im April 1937 begonnen, bald darauf erfolgte schon der erste Spatenstich. Erstaunlich zügig und beinahe gänzlich frei von bautechnischen Problemen wurden die einzelnen Bauabschnitte vollendet. Und das obwohl immerhin 14 Brücken, zwei Kilometer Stützmauern und umfangreiche Drainagemaßnahmen notwendig waren, um die Schneeschmelze im Frühjahr nicht zu einem zerstörerischen Problem werden zu lassen.

Mit Kriegsbeginn wurden die Bauarbeiten eingestellt. Doch fehlte sowieso nur noch eine 800 Meter lange Scheitelstrecke, gute 15 Straßenkilometer waren aus beiden Richtungen bereits befahrbar. 1947 sollte neben kleineren Sicherungsmaßnahmen auch die Scheitelstrecke fertiggestellt wer-

Blick auf das Watzmann-Massiv im Westen

Bild links: »Applauskurve« nahe dem Scheitelpunkt

Der geheimnisvolle Königssee fasziniert jeden.

Auch der Blick auf Berchtesgaden bleibt in Erinnerung.

den. Da diese aber auf Österreicher Territorium lag, musste zunächst ein Staatsvertrag über deren Nutzung und Instandhaltung abgeschlossen werden.

Seit diesen Tagen ist die BRD als Eigentümer in den österreichischen Grundbüchern eingetragen. Und trotz immenser Kriegsschäden gerade auch in Bayern gelang es dem Berchtesgadener Landrat Theodor Jakob, die Restfinanzierung und Fertigstellung der Panoramastraße zu sichern. 1953 wurde mit dem Bau der Scheitelstrecke begonnen, ab 1955 war die Rossfeld Höhenringstraße dann durchgehend befahrbar.

Die Straße heute

Sie ist Deutschlands höchste Panoramastraße, in herrlichen Rechts-Links-Kombinationen führt sie uns bis hinauf auf 1600 Meter mitten hinein in die hochalpine Bergwelt des Berchtesgadener Landes. Sie ist das grandiose Finale der »Deutschen Alpenstraße«, den schönsten Ausblick hat man vom Scheitelpunkt der Strecke aus. Hier liegt uns der Berchtesgadener Alpenpark zu Füßen.

Die gesamte gut ausgeschilderte Strecke ist leicht zu fahren und bietet gleich nach den ersten Kehren zudem auch panoramareiche Ausblicke auf Berchtesgaden sowie das imposante Watzmann-Massiv ganz im Westen. Verstreut entlang der Strecke warten schöne Rastplätze auf uns sowie vereinzelt einige bewirtschaftete Berghütten und Bergrestaurants. Da die Region um das Rossfeld ein beliebtes Skigebiet des Berchtesgadener Landes ist, ist die Straße – rein theoretisch – für uns ganzjährig befahrbar. Allerdings muss ab November mit Eisglätte und spätestens ab Mitte Dezember mit ordentlich Schnee gerechnet werden. Und da es sich um öffentliche Straßen handelt, sind wintertaugliche Bikes (mit Spike-Einsätzen) hier nicht erlaubt. Aber spätestens ab Mai gehört das Rossfeld dann auch wieder den Motorradfahrern.

Erlebenswertes im direkten Umfeld

Das an der Strecke liegende Informationszentrum »Obersalzberg« lädt Besucher zu einer Führung tief in die Geschichte krankhaften politischen Größenwahns. 1923 ließ sich Hitler hier ein Wochenendhaus errichten. 1933 wurde der Obersalzberg sogar zum zweiten Regierungssitz neben Berlin ausgebaut. Das sehenswerte Informationszentrum arbeitet inmitten dieser bedrückenden Umgebung die dunkelbraunen Kapitel deutscher Geschichte auf (www.obersalzberg.de).

Die Basisorte

Statten Sie unbedingt dem historischen Ortskern von Berchtesgaden einen Besuch ab. »Und da Herrgott hat g'lacht, wia Berchtesgad'n hat g'macht.« sagen die Einheimischen und wahrlich, es ist etwas dran. Gönnen Sie sich auch eine Kaffeepause beim Tortenmacher Grassl in der Maximilianstraße. Sie glauben gar nicht, was es dort an Ku-

Mein persönlicher Tipp

Frühling und Spätherbst sind meine favorisierten Jahreszeiten für das Rossfeld, denn dann spendiert uns die Natur dazu ein atemberaubendes Farbenkleid. Und auf keinen Fall sollten Sie einen Besuch in Berchtesgaden versäumen!

Gemeinsam genießen: Fleckvieh und Biker können das.

chen zu probieren gibt ... Und dann dieser Königssee: Sein Echo ist weltberühmt, seine über einen Meter langen und bis zu 55 Pfund schweren Forellen wahrlich kein Anglerlatein und so eine Bootsfahrt mit der Bayerischen Seenschifffahrt über das Gewässer bleibt für immer in Erinnerung. Da stört es auch nicht, dass wir nur zu Fuß an den berühmten See kommen können.

Zweifelsohne hat das Salz, das Weiße Gold des Mittelalters, auch die Stadt Hallein erst zu dem gemacht, was sie heute ist: eine historisch wertvolle Wohn- und Arbeitsstadt vor den Toren von Salzburg. 1198 wird der Ort erstmals urkundlich erwähnt, doch bereits 1700 Jahre vorher gab es den Salzabbau auf dem Dürnberg im Westen der Stadt. Dessen salzhaltiges Gestein reichte bis an die Oberfläche und erlaubte den Abbau großer Mengen. Das Salz Halleins machte nicht nur die Kelten reich, im 16. Jahrhundert war Hallein die leistungsfähigste Saline im gesamten Ostalpenraum. Ihre lange und spannende Geschichte endete erst 1989 mit der endgültigen Einstellung der Soleproduktion auf dem Dürnberg.

Bild links:
Auch der Aufstieg von Unterau aus ist ein Genuss.

TOUR-INFOS

Strecken-Charakteristik:
Deutschlands höchste Panoramastraße erwartet uns als gut ausgebaute Bergstraße mit zahlreichen weit geschwungenen Kurven und wenigen Kehren. Entlang der gesamten Strecke liegen Parkmöglichkeiten, um das grandiose Panorama in Ruhe abseits des Sattels genießen zu können. Und wenn uns nach all dem Kurvenschwung der Hunger »plagt«, laden uns mehrere Hütten zur zünftigen Einkehr ein.

Höhenprofil

Höhenmeter bergauf: 1320 m
Höhenmeter bergab: 1418 m
Maximale Steigung: 14,5 %
Durchschnittliche Steigung: 8,8 %
Maximales Gefälle: 15,0 %
Durchschnittliches Gefälle: 7,3 %

Kombi-Möglichkeiten:
Gleich nebenan auf Salzburger Territorium liegen zwei weitere Panoramastrecken – Nr. 2 und 3 aus diesem Buch – die sich prächtig mit dem Rossfeld kombinieren lassen. Bringen Sie aber unbedingt Zeit mit für diesen Genuss.

Einkehr & Übernachtung:
In Berchtesgaden lohnt ein Besuch beim Tortenmacher im **Café Grassl** in der Maximiliansstraße – ideal zum zweiten Frühstück oder auch zur Tee-Time. Perfekt geeignet für ein langes Wochenende im herrlichen Berchtesgadener Land empfiehlt sich das **Alpenhotel Zechmeisterlehen** in Schönau, auf Wunsch mit porentief erholsamem Wellness-Programm, www.zechmeisterlehen.de.

02

Echtes Salzburger »Schmankerl« Trattberg Panoramastraße

Im Salzburger Land ist der Trattberg ein sehr beliebtes Ausflugsziel. Motorradfahrer finden hier eine kurvenreiche Panoramastraße.

Vor allem an Wochenenden ist er eines der beliebtesten Ausflugsziele im Salzburger Land. Eine kurvenreiche Panoramastraße ermöglicht auch Motorradfahrern den Aufstieg ganz bequem im Mopedsattel. Und das wahrlich »für 'n Appel und 'n Ei«.

TOUR-TELEGRAMM

Land: Österreich
Region: Salzburger Land
Höchster Punkt: 1563 m
Basisort: Kuchl
Anzahl Kehren ca.: 10
Streckenlänge insgesamt: 22 km
Schwierigkeit: Leicht
Mautpflicht: ja (2015: 2,50 Euro)
Beste Jahreszeit: Ende Mai bis Ende Okt.
Wintersperre: Anfang Nov. bis Ende April
Gut kombinierbar mit: Tour 1 und 3

Die Geschichte der Straße

Der Trattberg ist ein gut 1760 Meter hoher Aussichtsgipfel südöstlich von Hallein im Salzburger Land. Vor allem aufgrund seiner vergleichsweise geringen Höhe ist der Trattberg immer schon ein beliebter »Sonntagsspaziergang«. Zugleich wurden die fruchtbaren Wiesen des Plateaus gerne als Sommerweiden genutzt und so entstanden in den 1950er-Jahren auf dem Trattberg die ersten Sommeralmen. Einfache Hütten gaben Mensch und Tier damals ein Zuhause und Schutz vor Unwettern.

Eine wachsende Zahl von Wanderern und Tagesausflüglern führte irgendwann dazu, dass die Trattberger Senner auch einfache Verpflegung anboten. Daraus entstanden im Laufe der Zeit jene heutzutage vier bewirtschafteten Almen, die uns als Tagesgäste gerne mit echter Salzburger Hausmannskost bewirten möchten.

Die Straße heute

Bei Motorradfahrern des Salzburger Landes gilt die Trattberg Panoramastraße als echter Tipp unter Kennern. Führt sie doch zu einigen der schönsten Aussichtsplätze der Region. Südlich von Sankt Koloman beginnt der Kurventanz, wir folgen dem ausgeschilderten Abzweig zur Panoramastraße.

Auf den ersten Kilometern der Strecke geht es noch recht gemächlich dahin, ab der Mautstelle beginnt der echte Kehrentanz. Insgesamt sieben Spitzkehren erwarten uns, die sich vor den »Kollegen« der umliegenden Panoramastraßen und Pässe nicht verstecken müssen. An der bewirtschafteten Enzianhütte, einem ersten lohnenden Boxenstopp mit grandioser Aussicht, haben wir die steilsten Passagen der Panoramastraße bereits hinter uns, im oberen Viertel begeistern vor allem die Ausblicke auf das Dachstein- und Tennengebirge sowie hinab auf den idyllischen Seewaldsee. Der ist übrigens auch über eine asphaltierte Straße erreichbar.

Zur Einkehr bieten sich im Umfeld der Panoramastraße neben der bereits erwähnten Enzianhütte auch die Christl-, Mossanger- und Wimmeralm an, deren hausgemachte Mehlspeisen, Krapfen und Kässpatzen zuverlässig jede zu enge Kombi

Mein persönlicher Tipp

Selbst an Sommerwochenenden ist der Trattberg wenig überlaufen. Ideal, um die Panoramastraße ausgiebig zu genießen und sich mit Salzburger Bikern dort oben zu treffen und Benzin zu reden.

Bild links: Alpenpanorama vom Feinsten

Leicht zu übersehen: der Aufstieg zum Trattberg

Der Frühling auf dem Trattberg läutet die Saison ein.

zum Platzen bringen werden. Ein Grund, warum ich seit Jahren auf Textiljacken mit Weitenverstellung schwöre.

Erlebenswertes im direkten Umfeld

Apropos Benzin reden: Über die historische Salzhandelsstadt Hallein habe ich ja schon berichtet. Nicht nur für Freunde österreichischer Motorradkunst gehört sie im Grunde sogar zum Pflichtprogramm. Denn am Rande der Stadt im Vorort Taxach erwartet uns der Hohlwegwirt von Hallein, eine seit über 130 Jahren im Familienbesitz befindliche alte Poststation.

Die gehört heute Ernst Kronreif junior, der nicht nur jeden Gast mit legendärer Herzlichkeit und ausgezeichneter Küche begrüßt, sondern auch mit unendlich vielen Geschichten über die österreichische Zweiradschmiede KTM auf uns wartet. Denn KTM steht für die Gründerfamilien Kronreif und Trunkenpolz aus Mattighofen. Und mögen auch die Bande zwischen KTM und Ernst Kronreif jun., dem heutigen Hohlwegwirt nicht mehr allzu eng sein, die Anekdoten über das aufregende Leben seines Vaters sind lebendig, wie eh und je. Alle Infos unter www.hohlwegwirt.at.

Der Basisort

»Cucullae« nannten die Römer die hier erbaute Poststation, die sie im 5. Jahrhundert aufgaben und den anrückenden Slawen aus dem Alpenraum überließen. 997 wurde Kuchl zu einer Grafschaft mit eigenem Landgericht aufgewertet, die immerhin bis Mitte des 15. Jahrhunderts existierte. 1850 wurden die umliegenden Weiler und Gemeinden in den Markt Kuchl eingegliedert. Das heutige Städtchen ist nicht nur reich an historischer Bausubstanz und Kleindenkmälern, auch die Natur hat hier ein Potpourri an Denkmälern spendiert: markante Wasserfälle, wie der Schleierfall oder die Schwarzbachhöhle, eine bis heute nicht vollständig erkundete Höhle, deren Wasser auf geheimnisvollen Wegen direkt aus dem Königssee im Berchtesgadener Land stammen soll.

Ernst Kronreif jun. und die allererste KTM R100

TOUR-INFOS

Strecken-Charakteristik:
Beim Trattberg handelt es sich um eine kurvenreiche, in wenigen Abschnitten leicht schmale Sackgasse hinauf auf ein Hochplateau, das sich auch als aussichtsreiches Wandergebiet empfiehlt. Natürlich mit Einkehrmöglichkeiten. Retour geht es auf gleicher Strecke mit weiteren, ja ganz anderen sehenswerten Ausblicken.

Kombi-Möglichkeiten:
Ideal kombinierbar ist der Trattberg mit dem Rossfeld (Nr. 1) sowie der gleich im Süden angrenzenden Postalm – dem wohl berühmtesten Bikertreff des Salzburger Landes (Nr. 3).

Einkehr & Übernachtung:
Zum (zweiten) Frühstück, zum stärkenden Boxenstopp am Mittag oder zum perfekten Tagesausklang: Der Einkehrschwung bei Ernst Kronreif, dem **Hohlwegwirt** von Hallein ist Pflicht. Nicht nur für KTM-Fans. Auch Gourmets geraten bei ihm regelmäßig ins Schwärmen. Und für die Übernachtung hält Biker Ernst höchst interessante Themenzimmer bereit. www.hohlwegwirt.at.

Höhenprofil

Höhenmeter bergauf: 1453 m
Höhenmeter bergab: 457 m
Maximale Steigung: 14,4 %
Durchschnittliche Steigung: 5,7 %
Maximales Gefälle: 8,5 %
Durchschnittliches Gefälle: 4,4 %

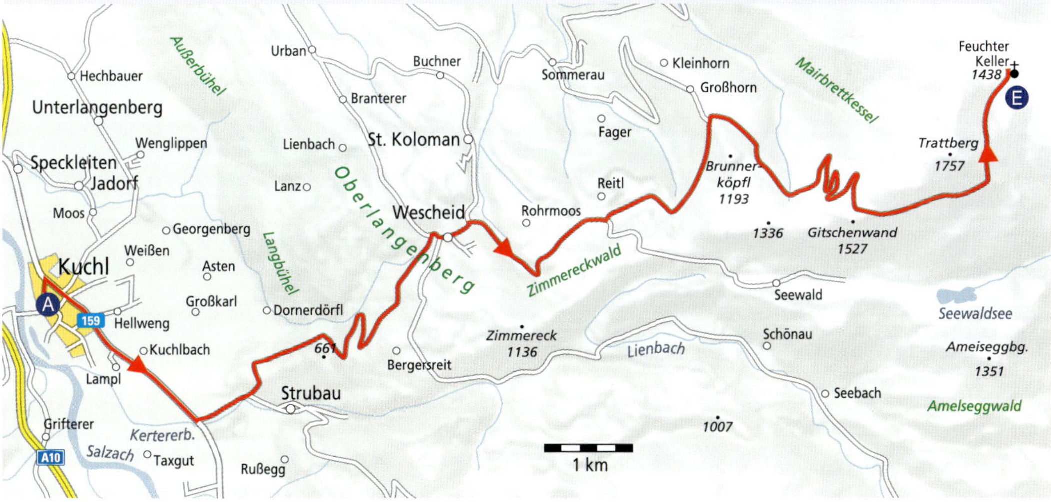

03

Pflichttermin im Salzkammergut Postalm Panoramastraße

Die Postalm ist beliebtester Bikertreff im Salzburger Land und das größte zusammenhängende Almgebiet Österreichs.

Sie umfasst sage und schreibe 40 Quadratkilometer und ist damit sogar das zweitgrößte zusammenhängende Almgebiet ganz Europas. Und sie ist der wohl beliebteste Bikertreff des gesamten Salzburger Landes – also auch für uns ein absolutes Muss.

TOUR-TELEGRAMM

Land: Österreich
Region: Salzburger Land
Höchster Punkt: 1320 m
Basisort: Golling und Strobl
Anzahl Kehren ca.: 20
Streckenlänge insgesamt: 45 km
Schwierigkeit: Leicht
Mautpflicht: ja (2015: 3,50 Euro)
Beste Jahreszeit: Mitte Mai bis Mitte Okt.
Wintersperre: Keine, zwischen Dez. und April Winterbetrieb
Gut kombinierbar mit: Tour 1, 2, 16, 17 und 18

Die Geschichte der Straße

Bereits zur Zeit der österreichischen Kaiser führte eine Poststrecke im Süden entlang dieses Almenplateaus nach Bad Ischl. Im Bergsommer wurden die Postkutschenpferde dann zur Erholung auf die Hochalm gebracht: Der Name Postalm war geboren. Einstmals war sie reich an uraltem Baumbestand, der allerdings für den Betrieb der Salinen und Salzbergwerke im Salzburger Land gerodet wurde. So entstand jenes größte Almengebiet Österreichs, auf dem im Sommer bis zu 100 Menschen als Senner und Viehhirten ihr Auskommen fanden.

Ab den 1950er-Jahren verloren die Bauern mehr und mehr das Interesse an ihren Almen dort oben. Erst die Idee einer auch den Tourismus fördernden Mautstraße hielt sie davon ab, der Postalm gänzlich den Rücken zu kehren. 1970 wurde die Strecke von

Strobl aus gebaut, 17 Jahre später dann auch von Abtenau im Salzachtal ausgehend. Am 7. August 1988 wurde die feierliche Eröffnung zelebriert und wenig später schon wurde aufgrund der einzigartigen Ausblicke auf das gesamte Dachsteinmassiv, das Tennen- und Hagengebirge und sogar die schneebedeckten Hohen Tauern der Beiname »Panoramastraße« angehängt.

Mein persönlicher Tipp

Die Postalm gehört zu den Panoramastraßen, die ich Ihnen aus vollem Herzen gerade auch an einem prallen Sommerwochenende empfehlen darf. Denn dann sind die Piste und die Almwirtschaften oftmals nahezu gänzlich in unserer Hand – und das inmitten eines grandiosen Panoramas.

Die Straße heute

Bis zu 2000 Rinder, Pferde und Schafe finden hier oben heutzutage wieder ihre sonnenverwöhnten und fruchtbaren Sommerweiden. Die Postalm ist zu einem perfekten Beispiel dafür geworden, wie sich Tourismus, Tradition und Natur in einem für alle Seiten nutzbringenden Projekt integrieren können. Und auch für Motorradfahrer zählt die Postalm heute zu den schönsten Alpenstraßen Österreichs. Vor allem an Sommerwochenenden geht hier regelrecht die Zweirad-Post ab – in des Wortes kühnster Bedeutung. Die ausgeschilderte und gut ausgebaute Panoramastraße führt in zahlreichen Kurven und Kehren von Golling im Salzachtal kommend bergan, ohne uns fahrerisch jemals zu überfordern. Ein wichtiger Treffpunkt aller Biker liegt direkt oben auf dem Plateau, am Lienbachhof sollten auch Sie unbedingt einen Einkehrschwung zelebrieren. Leckere Almenküche kombiniert sich hier mit unzähligen Benzingesprächen zu einem unvergesslichen Erlebnis.

Dann geht es weiter gen Osten, die Strecke senkt sich bergab, einige Kehren

Bild links: Blick zurück ins Salzburger Land

Was will Biker mehr? Motorradparkplatz direkt am Wolfgangsee

Weit schweift der Blick hinab ins Salzkammergut.

Der Lienbachhof ist Bikers wohl beliebtester Treff dort oben.

später stehen wir am Südufer des berühmten Wolfgangsees.

Erlebenswertes im direkten Umfeld

Der Wolfgangsee ist der wohl bekannteste See ganz Österreichs. Der Heilige Wolfgang suchte hier um 976 als Bischof von Regensburg im Kloster Mondsee Zuflucht und gab dem See kurzerhand seinen Namen. Welch ein eitler Fratz! Die malerischen, allesamt sehenswerten Orte am See locken Jahr für Jahr Touristen aus aller Welt und so eine Fahrt mit der Wolfgangsee-Schifffahrt gehört zu den Pflichtterminen im Salzkammergut. Alle Infos unter www.wolfgangsee.salzkammergut.at.

Die Basisorte

Golling im Salzachtal ist das Tor zum Hagen- und Tennengebirge, zwei außergewöhnlichen Wandergebieten, die eine große Zahl an Naturfreunden begeistern. Diese Lage direkt an den Gebirgsstöcken beschert Golling zwar ein vergleichsweise unbeständiges Jahresklima, hat aber der Entwicklung des Ortes hin zu einem sehens- und erlebenswerten Städtchen nicht geschadet.

Aus dem Begriff »Strubbeliger Mann« soll der Ortsname von Strobl einst abgeleitet worden sein. Im 14. Jahrhundert lebte hier ein gewisser Friedrich Stroblo, der die Aufsicht über die Fischerei auf dem See innehatte. Bis weit ins 17. Jahrhundert war Strobl eine beliebte Zwischenstation für Wallfahrer, Säumer und Fuhrwerker. Heute ist der Ort mit seinen Naturbadestränden ein weithin bekannter Erholungsort. Einer, in dem es noch deutlich »normaler« zugeht, als im weltberühmten Sankt Wolfgang.

Die Schifffahrt auf dem Wolfgangsee hat lange Tradition.

TOUR-INFOS

Strecken-Charakteristik:
Die Postalm zeigt sich als abschnittsweise recht schmale, sehr kurvenreiche Asphaltstraße, die sich zunächst durch horizontweite Almwiesen schlängelt, sodann allmählich ansteigend bereits mit prächtigen Panoramen begeistert. Im oberen Drittel schwingt sie kurvenreich über das wohl berühmteste Hochplateau Österreichs.

Kombi-Möglichkeiten:
Perfekt kombinieren lässt sich die Postalm mit den Panoramastraßen Nr. 1, 2 sowie 16, 17 und 18 zum Beispiel zu einer unvergesslich aussichtsreichen Urlaubswoche im Mopedsattel. Und den idealen Ausgangspunkt dafür kann ich Ihnen auch empfehlen.

Einkehr & Übernachtung:
Das **Berggasthaus Lienbachhof** auf dem Postalm-Plateau ist Pflicht und ein beliebter Bikertreff.
Idealer Tourenstandort für obige Kombi-Vorschläge ist zum Beispiel das **Landhotel Hubertushof** in Bad Ischl im Herzen des Salzkammergutes, www.hubertushof.co.at.

Höhenprofil

Höhenmeter bergauf: 1597 m
Höhenmeter bergab: 1528 m
Maximale Steigung: 14,4 %
Durchschnittliche Steigung: 8,7 %
Maximales Gefälle: 8,5 %
Durchschnittliches Gefälle: 4,4 %

Vorarlberg, Tirol mit Osttirol

Unbekanntes und Berühmtes perfekt vereint

Blick von der Edelweißspitze
auf die Hohen Tauern

04

Eine Vorarlberger Perle Brandnertal

Mautfrei und voller Fahrspaß: die Höhenstraße im Brandnertal.

Das Brandnertal – oder exakt ausgedrückt – die Höhenstraße im Brandnertal ist nicht explizit ausgewiesen, kostet keine Maut und hat uns trotzdem so viel Fahrspaß zu bieten, dass allein diese Tatsache schon reicht, um sie in dieses Buch aufzunehmen.

TOUR-TELEGRAMM

Land: Österreich
Region: Vorarlberg
Höchster Punkt: 1575 m
Basisort: Bludenz
Anzahl Kehren ca.: 9
Streckenlänge insgesamt: 19 km
Schwierigkeit: Leicht
Mautpflicht: Keine
Beste Jahreszeit: Mitte Mai bis Ende Okt.
Wintersperre: Keine, winterlich zwischen Dez. und April
Gut kombinierbar mit: Tour 5

Die Geschichte der Straße

Das Brandnertal liegt südwestlich der hübschen Vorarlberger Metropole Bludenz im Herzen des Rätikons und am Fuß seiner höchsten Erhebung, der Schesaplana. Die ersten zaghaften Ansätze des Tourismus im und um das Brandnertal reichen immerhin schon weit über 100 Jahre zurück. Und stets waren es der herrlich gelegene Lünersee, die Schesaplana und der damals noch gewaltige Brandner Gletscher, die die Reisenden von nah und fern anzogen.

Der Lünersee ganz am Ende des Hochtales wurde ab 1959 mit einer mächtigen Staumauer versehen, die das Speichervolumen des Sees bei Vollstau auf gut 79 Millionen Kubikmeter ansteigen lässt. Im Zuge der Bautätigkeiten rund um die Staumauer – inklusive der für den Erhalt des Bauwerks eingerichteten Seilbahn – wurde die Straße durch das Brandnertal erweitert, erneuert und in ihrem heutigen Umfang ausgebaut.

Die Straße heute

Selbst an Sommerwochenenden geht es im Brandnertal und auf der Panoramastraße hinauf zur Talstation der Lünerseebahn recht beschaulich zu. Wir müssen die sehr kurven- und kehrenreiche Piste allenfalls mit einigen Wanderern und Tagesausflüglern teilen. Einige Passagen sind recht schmal, besitzen aber Ausweichbuchten und am Ende der Strecke an der Seilbahn-Talstation erwartet uns ein großer Parkplatz mit grandiosen Ausblicken.

Erlebenswertes im direkten Umfeld

Der Lünersee ist wahrlich einer der schönsten Bergseen Vorarlbergs und sogar einer der größten der Alpen. Er liegt malerisch direkt am Fuße der Schesaplana, dem mit immerhin 2964 Metern höchsten Berg im Rätikon direkt auf der österreichisch-schweizerischen Grenze. Dessen Erstbesteigung gelang bereits 1610, heutzutage ist der Gipfel von mehreren Seiten erreichbar, alle Anstiege erfordern Trittsicherheit und sind nicht leicht. Rund um den idyllischen Lünersee führt hingegen ein gut gepflegter Wanderweg mit einer Gehzeit von rund zwei Stunden. Und falls Ihnen die Kondition zu schaffen machen sollte, liegt gerade rechtzeitig auf halber Strecke die bewirtschaftete Lünerseealpe, eine beliebte Einkehr mit Blick auf eine herrliche Alpenflora sowie die Schesaplana von ihren schönsten Seiten. Ach ja – und Angler sollten ihr Glück im Lünersee auf der Jagd nach Fo-

Mein persönlicher Tipp

Gönnen Sie sich nach dem Aufstieg von Bludenz hinauf zum Talschluss unbedingt auch die Seilbahnfahrt zum Ufer des Lünersees. Es lohnt sich und kostet gerade einmal 7,- Euro.

Bild links: Beginnt gemütlich: das Brandnertal bei Brand

Im oberen Drittel wird es deutlich alpiner und kurvenreicher.

Die Bludenzer Altstadt lohnt einen ausgiebigen Rundgang.

relle und Saibling versuchen. Alle Infos unter www.brand.at oder www.bergbahnen-brandnertal.at.

Der Basisort Bludenz

Flankiert von den Lechtaler Alpen, dem Schweizer Rätikon und der Verwallgruppe, zählt die Jahrhunderte alte Stadt Bludenz offiziell zu den schönsten Alpenstädten Europas. In ihrem Zentrum bilden Tore und Mauern, verwinkelte Gassen und romantische Laubengänge eine sehenswerte historisch gewachsene Einheit, die zu ihrem Schutz weitgehend verkehrsbefreit ist.

Bummeln Sie gemütlich unter romantischen Altstadtlauben vorbei an prächtigen Bürgerhäusern, kehren Sie ein in Cafés, Kneipen und Bars oder genießen Sie den herrlichen Überblick über all diese Pracht vom Bludenzer Hausberg, dem 1400 Meter hohen Muttersberg aus. Dessen Gipfel ist bequem erreichbar mit der Muttersbergbahn in Panoramakabinen und gerade einmal zehn Minuten Fahrzeit. Vom Gipfel an der Bergstation hat man an klaren Tagen einen atemberaubenden Blick über das gesamte Tal bis hinüber ins angrenzende Rätikon. Ja selbst die Silvretta-Gruppe, der wir uns im kommenden Kapitel noch hautnah nähern werden, liegt dann fast zum Greifen nahe.

Pausenplatz mit herrlichem Talblick

TOUR-INFOS

Strecken-Charakteristik:
Recht einsame, vor allem in der zweiten Hälfte kurvenreiche und deutlich aufsteigende Sackgasse, die einige schmale Passagen besitzt, aber selbst Anfänger zu keiner Zeit überfordert. Und retour geht es dann mit schönen Ausblicken auf das gesamte Brandnertal.

Kombi-Möglichkeiten:
Das Brandnertal ist das perfekte Warm-up für die Silvretta Hochalpenstraße – unsere Nr. 5 in diesem Buch.

Einkehr & Übernachtung:
Die **Pizzeria Antonio** in der Bahnhofstr. 7a in Bludenz ist der Tipp aller Vorarlberger Pizza & Pasta-Fans. Und im **Gasthof Stern** im Bludenzer Vorort Bürs können wir uns und das Moped gemütlich zur Ruhe betten. www.gasthofstern.at.

Höhenprofil

Höhenmeter bergauf: 1229 m
Höhenmeter bergab: 209 m
Maximale Steigung: 14,7 %
Durchschnittliche Steigung: 7,6 %
Maximales Gefälle: 8,1 %
Durchschnittliches Gefälle: 3,5 %

05

Kurvenhatz am Piz Buin Silvretta Hochalpenstraße

Nahe des höchsten Bergs Vorarlbergs schlängelt sich diese Panoramastraße.

Die Silvretta-Bielerhöhe ist nicht ohne Grund das imposanteste Ziel im Montafon. Denn hier thront der berühmte Piz Buin, mit 3312 Metern immerhin der höchste Berg Vorarlbergs und gleichzeitig mächtiger »Grenzstein« zur Schweiz. Und falls Sie sich immer schon gefragt haben, ob der Berg und eine der bekanntesten Sonnencremes der Welt irgendwie zusammenhängen, dann lesen Sie bitte unbedingt weiter …

TOUR-TELEGRAMM

Land: Österreich
Region: Vorarlberg und Tirol
Höchster Punkt: 2040 m
Basisort: Bludenz und Landeck
Anzahl Kehren ca.: 42
Streckenlänge insgesamt: 95 km
Schwierigkeit: Mittel
Mautpflicht: ja (2015: 12,– Euro)
Beste Jahreszeit: Ende Mai bis Mitte Okt.
Wintersperre: Mitte Nov. bis Anfang Mai
Gut kombinierbar mit: Tour 4, 6 und 7

Die Geschichte der Straße

Die Silvretta-Hochalpenstraße entstand während der Stausee- und Kraftwerksbautätigkeiten durch die Illwerke. Ihre Trasse beruht auf einem uralten unbefestigten Saumpfad und Karrenweg, der wohl schon seit dem Mittelalter von Partenen hinauf zum Vermuntsee und sodann weiter gen Süden benutzt wurde. Diesem nur Einheimischen bekannten Pfad folgte man zunächst mit riesigen Materialseilbahnen, die jene für das geplante Vermunt-Stauwerk nötigen Mengen an Zement und Kies hinauf in die Berge schafften. Nach der Fertigstellung des mächtigen Stausees im Jahr 1930 versanken sowohl die Seilbahn als auch der Saumpfad zunächst in der Bedeutungslosigkeit.

Erst ab 1938 begann man vom Vermunt-Stausee aus eine Asphaltstrecke bis hinauf zur Bielerhöhe zu legen, um dort die noch gewaltigere Silvretta-Staumauer zu errichten. Für diese Bauarbeiten wurden erstmals auch Scharen an Kriegsgefangenen und Zwangsarbeiter eingesetzt, die unter oft unmenschlichen Bedingungen dort oben in den Bergen auf 2000 Metern Höhe arbeiten mussten. Für den Transport des Baumaterials wurden vor allem Viehtriebwege aus dem Galtür zu breiten Fahrbahnen ausgebaut, auf denen Kolonnen an Lkw hinauf in die Berge krochen. Das Fundament für die Ostrampe nach Tirol war gelegt, fehlte nur noch ein gut sieben Kilometer langer – und geologisch wie bautechnisch schwieriger Abschnitt zwischen Partennen und Vermunt-Stausee. Der entstand dann eher zufällig.

Aus der Zeit des Staumauerbaus auf der Bielerhöhe stand dort oben noch ein riesiger Bagger, der für den Rücktransport ins Tal eigentlich hätte komplett zerlegt werden müssen. Doch das erschien allen Beteiligten zu mühsam und zu teuer, also schickte man den Bagger einfach auf seinen gewaltigen Raupen hinab ins Tal. Gute drei Jahre benötigte der Stahlriese für diesen Weg und hinterließ ganz nebenbei eine perfekt planierte Piste bis nach Partennen.

Unter Naturschutzaspekten reiner Irrsinn, war somit eine durchgehende Straße von Partenen über die Bielerhöhe am Felsmassiv des Piz Buin entlang nach Galtür in Tirol geschaffen, die 1954 feierlich für den öffentlichen Verkehr freigegeben wurde und bis 1961 auf voller Länge zweispurig ausgebaut wurde.

Apropos Piz Buin: Jawohl, er war der Namensgeber der weltberühmten Creme. Die Inspiration zur Entwicklung der Marke Piz Buin kam einem jungen Chemiestudenten namens Franz Greiter. 1938 bei einer Bergtour auf die vergletscherte Spitze des Piz Buin zog er sich einen schweren und

Bild links:
Perfekt ausgebaut präsentiert sich uns die gesamte Panoramastraße.

Die Bielerhöhe ist der berühmteste Bikertreff in Vorarlberg.

Mein persönlicher Tipp

Um das Vergnügen zu optimieren, finden Sie sowohl im Montafon als auch im Paznauntal viele panorama- und kurvenreiche Nebenstrecken, die sich herrlich kombinieren lassen. Im GPS-Download zu diesem Buch habe ich eine Zusatztour hinterlegt.

Bild rechts: Die Nordwestrampe begeistert mit prächtigen Kurven und Kehren.

Eine Bootsfahrt die ist lustig – auch auf dem Silvrettasee.

schmerzhaften Sonnenbrand zu. In einem kleinen Kellerlabor seines Elternhauses entwickelte er daraufhin die erste »Gletschercreme« als Schutz gegen die damals bereits recht unangenehmen Nebeneffekte heftiger Sonnenstrahlung in großer Höhe. Franz Greiter nannte sein Produkt konsequenterweise »Piz Buin« und legte damit den Grundstein einer Weltmarke. Gemeinsam mit seiner Frau Marga entwickelte er fortan eine ganze Reihe von Sonnenschutzprodukten, doch Piz Buin sollte das berühmteste von allen bleiben.

Die Straße heute

Die gut 25 Kilometer lange Mautstrecke zwischen Partenen und Galtür ist mit 400 000 Kraftfahrtzeugen pro Jahr eine der beliebtesten, weil schönsten Gebirgsstraßen der österreichischen Alpen. Sie steht auch heute noch im Eigentum der Vorarlberger Illwerke und wie anno dazumal hat man den schönsten Blick auf den Piz Buin ganz oben von der Silvretta-Bielerhöhe, dem Scheitelpunkt der Straße aus.

Anfänglich eher sanft schlängelt sie sich in vielen Kehren bis dort hinauf, die gesamte Strecke ist durchweg recht gut ausgebaut, verlangt aber im Nordwestabschnitt aufgrund ihrer Streckenführung ein wenig Erfahrung im Pässefahren.

Oben angekommen begeistert die mehr als atemberaubende Berglandschaft mit ihrem harmonisch darin eingebetteten Silvrettasee. Die Silvretta-Bielerhöhe ist zudem ein überaus beliebter Bikertreff der gesamten Region. Benzingespräche in dieser

Grandios: Ausblick von der Bielerhöhe Richtung Westen

prächtigen Umgebung sind ein ganz besonderes Erlebnis. Einige umliegende Bergrestaurants laden zum kulinarisch ausgiebigen Einkehrschwung oder auch zum schnellen koffeinhaltigen Boxenstopp. Und mit etwas Zeit im Tankrucksack empfehle ich ein Zimmer im Silvrettahaus direkt am See. Dann lassen sich Sonnenunter- und -aufgang auf 2000 Metern ganz besonders intensiv genießen.

Erlebenswertes im direkten Umfeld

Sind Sie schon einmal in 2000 Metern über dem Meeresspiegel Boot gefahren? Nein – nun hier oben auf dem Silvrettasee können Sie es. Hier existiert der höchstgelegene Motorbootverkehr Europas, ein besonderes Erlebnis. Eine Silvrettasee-Bootsrundfahrt dauert ca. 25 Minuten und gewährt außergewöhnliche Ein- und Ausblicke auf die Bergwelt der Silvretta. Auch Wanderer kürzen ihren Weg gerne ab und schippern mit dem Motorboot »Silvrettasee« zur oder von der Anlegestelle »Silvretta-Beach«, einem Sandstrand am Ufer des Silvrettasees. Das Motorboot »Silvretta« fährt von Anfang Juli bis Ende September täglich zwischen 09:00 und 16:00 Uhr, weitere Infos unter www.silvretta-bielerhoehe.at.

Und allen Fans klassischer Technik sei die inzwischen weithin bekannte Silvretta Classic Rallye empfohlen, die seit 1998 alljährlich Scharen von Oldtimer-Fans ins Montafon lockt. Die Traumstraße der Alpen stellt dabei die perfekte Kulisse für Bentley und Düsenberg, für Oldtimer und Youngtimer, die sich hier nicht in Geschwindigkeit, sondern eher Geschicklichkeit und vor allem spielerisch messen. Infos unter www.montafon.at.

Die Basisorte

Über Bludenz habe ich im Kapitel 4 auf Seite 26 bereits berichtet.

Schon Kelten sollen rund um das heutige Landeck gesiedelt und das Land kultiviert haben. Allerdings mit dem »Problem«, dass der Inn damals noch den gesamten Talboden einnahm. Weder sie noch die Römer hinderte dies, zumal sich die Lage der Stadt am Zusammengehen mehrerer Täler als damals schon strategisch wertvoll erwies. 1296 wird Schloss Landeck erstmals urkundlich erwähnt, damals eine Gerichtsburg. 1942 kaufte die Stadt das gesamte Anwesen, restaurierte es und siedelte das Bezirksmuseum in den geschichtsträchtigen Mauern an. Die quirlige Wohn- und Arbeitsstadt ist heute Hauptstadt des tourismusintensivsten aller Tiroler Bezirke, konnte sich aber inmitten historischer Stadtgrenzen viel Ursprünglichkeit bewahren.

TOUR-INFOS

Strecken-Charakteristik:

Als morgendliches Warm-up geht es zunächst gemütlich durch das herrliche Montafon, bevor uns die Hochalpenstraße mit den ersten engen und deutlich ansteigenden Kehren herausfordert. Im oberen Drittel sowie Richtung Osten schwingt die Straße durch eine atemberaubende Alpenwelt.

Kombi-Möglichkeiten:

Das Brandnertal (Nr. 4) empfehle ich als Einstieg und Kombi-Möglichkeit für den Vor- oder Anreisetag. Und die Kaunertaler Gletscherstraße (Nr. 6) als perfekte fahrerische Steigerung.

Einkehr & Übernachtung:

Als Boxenstopp zum zweiten Frühstück – vor dem Anstieg zur Silvretta – empfehle ich das **Panorama-Café Josefsplatz** am Kirchplatz 17 in Schruns.
Und als Übernachtung in Bludenz den bereits erwähnten **Gasthof Stern** im Bludenzer Vorort Bürs, www.gasthofstern.at.
Zur Übernachtung in Galtür im Osten der Panoramastraße darf ich das **Hotel Toni** empfehlen, www.hoteltoni.at

Höhenprofil

Höhenmeter bergauf: 2562 m
Höhenmeter bergab: 2345 m
Maximale Steigung: 13,4 %
Durchschnittliche Steigung: 4,4 %
Maximales Gefälle: 14,0 %
Durchschnittliches Gefälle: 3,7 %

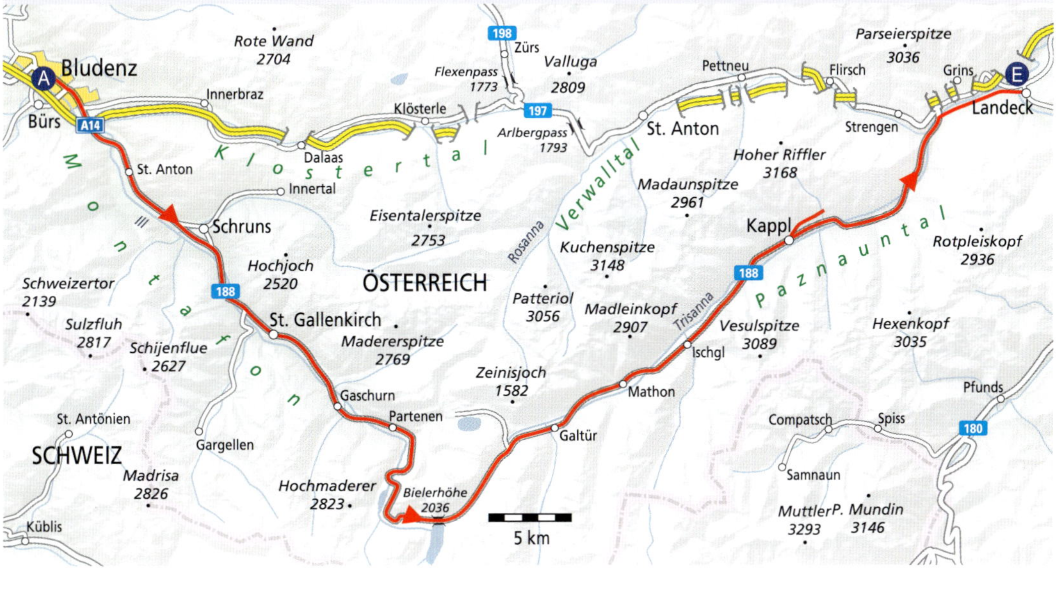

06

Hochalpiner Pilgerweg Kaunertaler Gletscherstraße

Diese Panoramastraße ist nicht einmal 40 Kilometer lang – schenken Sie ihr dennoch einen vollen Tag Zeit.

Sie ist eine der schönsten Sackgassen Tirols und führt uns hinauf in hochalpines Gelände. Das schränkt ihre Nutzung für Motorradfahrer zwar zeitlich deutlich ein, dennoch gehört sie zu den Pflichtterminen in Bikers Lebens-Roadbook.

TOUR-TELEGRAMM

Land: Österreich
Region: Tirol
Höchster Punkt: 2750 m
Basisort: Prutz, Gemeinde Kaunertal
Anzahl Kehren ca.: 27
Streckenlänge insgesamt: 39 km
Schwierigkeit: Mittel
Mautpflicht: ja (2015: 13,– Euro)
Beste Jahreszeit: Anfang Juni bis Mitte Okt.
Wintersperre: Keine, zwischen Nov. und Mai Winterbetrieb
Gut kombinierbar mit: Tour 5 und 7

Die Geschichte der Straße

Die hochalpine Panoramastraße folgt in ihrer Trassenführung auf weiten Strecken historischen Pfaden, zum Beispiel dem Pilgerweg vom Wallfahrtsort Kaltenbrunn im Kaunertal über das Weißseejoch (2960 m) nach Melagg im Langtauferer Tal. In den Anfängen ein enorm mühsamer Weg, der nur wenige Wochen im Jahr überhaupt begehbar war.

Nachdem zunächst eine einfache und recht schmale Schotterstrecke bergan zum Gepatschhaus gebaut worden war, wurde in den 30er-Jahren des letzten Jahrhunderts ein Ausflug mit dem Postauto hinauf zum damals schon bewirtschafteten Gepatschhaus der »letzte Schrei«, sprich die Touristenattraktion des gesamten Tales, ja der gesamten Region. Abenteuerlich zuckelte das

Postauto damals über tonnenweise geschotterte Almwege und Wiesen bergan, grub sich mit seinen dünnen Reifen durch den nachrutschenden Kies. Nicht nur für die Fahrer der Busse ein echtes Abenteuer. Am oberen Ende der heutigen Mautstraße befindet sich seitdem die höchste Postbus-Haltestelle Österreichs.

Von 1961 bis 1965 erbaute die Tirolerwasserkraft AG im Kaunertal mit dem Gepatsch-Stausee den höchsten Naturschüttdamm Europas mit satten 140 Millionen Litern Speichervolumen, gezähmt und sicher in Zaum gehalten von einer 160 Meter hohen Schüttmauer. Im Zuge dieses Staudammbaus musste die Straße von Feichten bis ans Gepatschhaus allerdings für den Lkw-Transport breit ausgebaut und durchgehend asphaltiert werden. Nur so konnten Mensch und Material überhaupt die riesige Baustelle des Staudammprojektes erreichen. Nach dem Staudammbau versank die Straße zunächst in der Bedeutungslosigkeit, wurde aber aufgrund der Tatsache, dass sie frei befahrbar war, mehr und mehr als alpiner Geheimtipp unter Automobilisten »gehandelt«. Das führte dazu, dass die Strecke von 1979 bis 1980 von der Staumauer bis hinauf zum Gletscherrestaurant auf 2750 Metern Höhe ausgebaut wurde. Zunächst um dem boomenden Skitourismus das gewaltige Gletscherskigebiet zugänglich zu machen, in zweiter Linie aber auch, um das Gebiet dem Naturfreund und Bergwanderer schmackhaft zu machen. Und natürlich dem Motorradfahrer, der dieses »Angebot« in der Folge gerne annahm.

Die Straße heute

Diese Sackgasse mitten hinein ins Herz eines bekannten Gletscher-Skigebietes begeistert uns Motorradfahrer natürlich vor al-

Bild links: Nebenstrecke am Westufer der Gepatsch-Stausees

Hier beginnt der Genuss – die erste Kehren im Kaunertal.

lem in den Zeiten, in denen die Skifans eine Zwangspause einlegen müssen. In diesem Fall von Juni bis Oktober. Dann gehört diese herrliche Gletscher-Panoramastraße den Wanderern, Ausflüglern und uns Bikern. Und diese Wochen sollten wir für einen Besuch der Kaunertaler Gletscherstraße nutzen. Bringen Sie aber unbedingt Zeit mit, denn es lohnt sich, dort oben in einzigartiger hochalpiner Landschaft zu verweilen!

Die Panoramastraße führt vom Ort Feichten aus direkt gen Süden in gut ausgebauten Kurven bergan zunächst zum riesigen Gepatsch-Speicher. Der gut sechs Kilometer lange und im Sommer nach der Schneeschmelze bis zu 2,6 Quadratkilometer große Stausee wird nicht nur von den Bächen des Kauner-, sondern auch des benachbarten Pitztales gefüllt. Der Stausee zählt zu den größten Speicherseen Österreichs, das Kraftwerk produziert jährlich 660 Millionen Kilowattstunden Naturstrom vom Feinsten – oder anders gesagt: den Stromverbrauch einer ganzen Kleinstadt.

Am Gepatsch-Speicher entlang schlängelt sich die Panoramastraße weiter hinauf zum Weißseeferner. Und hier beginnt der eigentliche und abschnittsweise anspruchsvolle Kurventanz. 21 Kehren später pendelt die Piste auf einem riesigen Parkplatz direkt unterhalb des Weißseeferners aus. Besser

Mein persönlicher Tipp

Nehmen Sie sich Zeit mit hinauf zum höchsten Punkt des Kaunertales. Wenngleich 39 km Streckenlänge theoretisch innerhalb einer Stunde erfahrbar sind, es lohnt sich, dort oben einen ganzen Tag zu verbringen.

Bild links: Die panoramareiche Gletscherstraße im oberen Drittel

Gipfelglück und Einkehrschwung am Fuß des Weißseeferners

Blick zurück auf den Gepatsch-Stausee

bekannt unter dem Namen Kaunertaler Gletscher reckt sich der imposante Eisgipfel bis hinauf auf bereits lebensfeindliche 3500 Höhenmeter.

Erlebenswertes im direkten Umfeld

Sehen Sie doch einmal in das Innere eines echten Gletschers! Geht nicht, zu gefährlich, meinen Sie? Nun weit gefehlt. Oberhalb der Kaunertaler Gletscherstraße direkt an der sogenannten Gletscherzunge ist dieser Gang durch hundertjähriges, ja ewiges Eis vollkommen gefahrlos möglich. 40 Meter lang, drei Meter hoch und etwa 1,5 Meter breit führt eine künstlich erweiterte und abgesicherte Spalte direkt in das Herz des ewigen Eises und ist die Sommerattraktion am Kaunertaler Gletscher.

Die Betriebsleiter des Gepatsch-Staudamms hatten die Idee, eine Gletscherspalte begehbar zu machen. Allerdings dauerte es eine ganze Weile, bis sie eine geeignete Spalte fanden, in der man gefahrlos auf Tuchfühlung mit der Ewigkeit kommen konnte. Und wahrlich, es hat schon etwas Mystisches, wenn man durch den Eistunnel geht und seine Hand auf mindestens 100 Jahre alte Eisschichten legt, die mit wenigen Zentimetern Vorwärtsdrang im Laufe von Jahrtausenden aus dem Nährgebiet des Weißseeferners bis in den Bereich der Gletscherzunge gewandert sind. Der ausgeschilderte Ausgangspunkt der Wanderung/Führung liegt ca. 300 Meter vom Gletscherrestaurant entfernt.

Der Basisort

Im Winter ist die den gesamten Talschluss umfassende Gemeinde Kaunertal mitsamt Ortsteil Feichten perfekt auf den Skizirkus eingestimmt. Im Sommer ist Kaunertal hingegen auch heute noch ein Geheimtipp für Wanderer, Bergsteiger und Naturfreunde. Denn dann geht es hier deutlich geruhsamer zu, ohne allerdings verschlafen zu wirken. Gasthöfe und Restaurant erwarten uns zur Einkehr, die Wallfahrtskirche Kaltenbrunn hat die spannende Geschichte eines mittelalterlichen Mordes zu erzählen und das Talmuseum im Ortsteil Platz passend dazu die ganze Geschichte des erst 1982 so richtig aus dem Dornröschenschlaf erwachten Tales. Das bietet uns auch abseits des Mopedsattels viel Abwechslung.

TOUR-INFOS

Strecken-Charakteristik:
Diese Panoramastraße ist ein perfektes Trainingsgelände auch für Anfänger im Sattel. Eine hochalpine Strecke mit engen, deutlich ansteigenden Kehren, aber außerhalb der Sommerferienzeit erfreulich wenig Verkehr. Und unter der Woche gehört sie uns oftmals allein.

Kombi-Möglichkeiten:
Mit der Silvretta Hochalpenstraße (Nr. 5) und der folgenden Ötztaler Gletscherstraße haben wir drei Trainingsgelände »vom Feinsten«, die uns zudem mit atemberaubenden Panoramen begeistern.

Einkehr & Übernachtung:
Gleich nebenan, blumengeschmückt und mit leckerer Küche: **Restaurant Alpenhof** in St. Leonhard im Pitztal. Und zur Übernachtung – auch als zentraler Ausgangspunkt für unsere Kombi-Vorschläge – empfehle ich den **Kaunertalerhof** in Feichten im Kaunertal, www.kaunertalerhof.at.

Höhenprofil

Höhenmeter bergauf: 2283 m
Höhenmeter bergab: 404 m
Maximale Steigung: 13,4 %
Durchschnittliche Steigung: 6,0 %
Maximales Gefälle: 1,5 %
Durchschnittliches Gefälle: 0,5 %

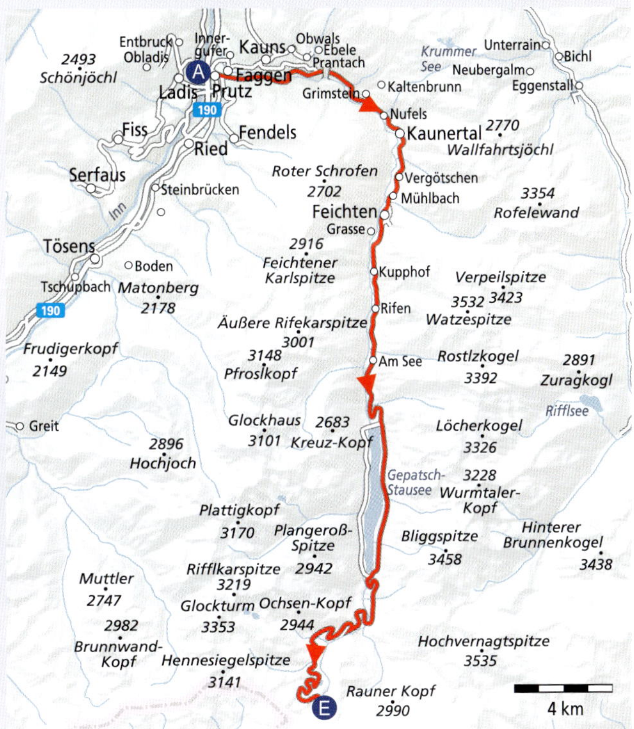

07

Atemraubend hoch hinaus
Ötztaler Gletscherstraße

Im Sommer hat man diese Straße als Motorradfahrer manchmal sogar ganz für sich allein.

Sie besitzt den höchstgelegenen Straßentunnel Europas und führt faktisch über den höchsten auch für Motorradfahrer auf Asphalt erreichbaren Punkt der Alpen. Nur zwei von vielen Argumenten für ihren Besuch.

TOUR-TELEGRAMM

Land: Österreich
Region: Tirol
Höchster Punkt: 2829 m
Basisort: Sölden im Ötztal
Anzahl Kehren ca.: 9
Streckenlänge insgesamt: 17 km
Schwierigkeit: Leicht
Mautpflicht: ja (2015: 5,50 – 9,50 Euro)
Beste Jahreszeit: Mitte Juni bis Anfang Okt.
Wintersperre: Keine, zwischen Nov. und Mai Winterbetrieb
Gut kombinierbar mit: Tour 5 und 6

Die Geschichte der Straße

Sie beginnt mit der Erschließung des bis dahin nur zu Fuß erreichbaren Rettenbachferners, auch Rettenbachgletscher genannt. Der einstmals mächtige Gletscher erstreckt sich im Westen oberhalb von Sölden zwischen den beiden Hausbergen des Ortes, dem Gaislachkogel mit 3058 Metern und dem Tiefenbachkogel mit 3250 Metern.

Ab 1970 begann man mit der Planung der Strecke, 1971 und 1972 wurde sie zunächst bis zu jenem Rettenbachferner gebaut, auch als Erweiterung der bereits damals nach Hochsölden führenden Bergstraße. Der daran anschließende weitere Straßenabschnitt Richtung Süden zum Tiefenbachferner schuf nicht nur eines der größten Gletscherskigebiete Österreichs, die Strecke führt auch durch den sogenannten

»Rosi-Mittermeier-Tunnel«, benannt nach der ehemaligen deutschen Skiläuferin. 1730 Meter lang und in einer Höhe von 2800 Metern führend ist er damit unbestritten der höchstgelegene Straßentunnel Europas. An dessen südlichem Portal erreicht die Straße zudem den mit 2829 Metern ü. A. höchstgelegenen asphaltierten Punkt der Alpen.

Mein persönlicher Tipp

Gönnen Sie sich diese herrlich aussichtsreiche Strecke an einem sonnigen Wochentag im Sommer vor oder nach der Hauptreisezeit. Dann haben Sie die Strecke oftmals nahezu für sich allein.

Die Straße heute

Eben jene Tatsache ist allerdings Anlass für so manchen heftigen Streit mit unseren französischen Nachbarn. Die erreichen mit dem Col de la Bonette sowie dessen Gipfel-Rundkurs »Cime de la Bonette« auf Asphalt immerhin eine Höhe von 2802 Meter. Und würden damit gerne das Prädikat »höchste befahrbare Straße der Alpen« für sich beanspruchen.

Doch die Ötztaler Gletscherstraße ist faktisch 27 Meter höher – da hilft auch das Franzosen-Argument »es sei ja eine Sackgasse« nichts.

Unbestritten ist, dass die Straße auf satte 2800 Höhenmeter und damit in absolut hochalpines Gelände führt. Das reduziert die Tage freier Befahrbarkeit nicht nur deutlich, das kann auch beinahe ganzjährig zu überraschenden Wintereinbrüchen, zu Schneefall und Minustemperaturen führen. Also bitte das zu erwartende Bergwetter checken, damit die Fahrt zu einem ungetrübten Genuss wird.

Bild links: Nicht nur das Meer macht die Seele weit – auch die Berge Tirols!

Kehre Nr. 6 auf der Ötztaler Gletscherstraße

Ein Sommer-Montag im Ötztal – gibt es etwas Schöneres?

Das Gletscherskigebiet rund um den Rettenbachferner ist im Hochsommer geschlossen, damit entfallen automatisch die Massen an Skitouristen. Dennoch kann es an Sommerwochenenden ordentlich verkehrsreich werden auf der gerade einmal 14 Kilometer langen Mautstraße – deshalb auch mein Tipp auf Seite 41.

Erlebenswertes im direkten Umfeld

In Imst am Fuße des Ötztales lädt der »Alpine Coaster« zu einem Bergvergnügen der ganz anderen Art. Die längste Alpen-Achterbahn der Welt gleitet hier von Mai bis Oktober auf der ausgeschilderten Untermarkter Alm in des Wortes kühnster Bedeutung über Stock und über Stein. Von immerhin 1500 Metern Seehöhe geht es in auf Schienen laufenden Schlitten in rasanter Hatz talabwärts. Doch dem nicht genug, die Strecke führt zum Teil auch bis zu sechs Meter über dem Almboden. Das treibt den Blutdruck selbst erfahrener Biker garantiert auch in die Höhe. 3,5 Kilometer lang zieht sich das Action- und Naturspektakel nicht nur für Adrenalin-Junkies jeden Alters in Wellen, Steilkurven und überraschenden Jumps den Berg hinab. Immerhin zwölf Minuten dauert die Fahrt, maximal 500 Höhenmeter werden dabei überwunden. Weitere Infos unter www.alpine-coaster.at.

Der Basisort

Mit gerade einmal 3300 Einwohnern, dafür aber 15 000 Gästebetten und beinahe zwei Millionen Übernachtungen pro Jahr ist

Sölden ein touristisches »Schwergewicht«. Und gleichwohl der stimmungsvolle Charakter des einstigen, recht abgeschiedenen Bergbauerndorfes inzwischen einem sehenswerten »Alpin-Tourismus-Stil« weichen musste, lohnt es sich dennoch, im Herzen des Ortes einen ausgiebigen Boxenstopp einzulegen. Und das nicht nur, um sich mit kraftvoller Tiroler Küche für den schräglagenreichen Aufstieg zu den Gletschern zu stärken, sondern auch, um sich ausgiebig umzuschauen. Und wer in dieser prächtigen Bergwelt übernachten möchte, sollte sich einmal im Vier-Sterne-Ressort Hochsölden umschauen. Dessen Preisgefüge ist zwar etwas teurer, der Gegenwert aber beeindruckend. Und wer es etwas günstiger bevorzugt, der schaue sich einmal meine Einkehr- und Übernachtungstipps im Infokasten an.

TOUR-INFOS

Strecken-Charakteristik:
Gleichwohl sie uns hoch hinaus führt überfordert die gut ausgebaute Bergstrecke auch Anfänger im Mopedsattel kaum. Sie ist wie die vorangegangene Kaunertaler Gletscherstraße somit ein ideales Trainingsgelände.

Kombi-Möglichkeiten:
Mit Silvretta (Nr. 5) und Kaunertal (Nr. 6) liegen zwei Kombi-Strecken in unmittelbarer Reichweite, die Sie sich zwischen Juni und Oktober unbedingt gönnen sollten. Vielleicht sogar in einer ganzen Bikerwoche im herrlichen Tirol.

Einkehr & Übernachtung:
Das Ötztal ist touristisch perfekt erschlossen, sowohl Einkehr, als auch Übernachtung gelingen zum Beispiel hier perfekt: **Restaurant Culinaria** in der Plattestraße 24 in Sölden. **Gasthof Grauer Bär**, Dorfstraße 172 in Sölden im Ötztal, www.grauer-baer.com. **Alpengasthof Grüner**, Außerwaldstr. 19, Sölden, www.gruener-soelden.com

Höhenprofil

Höhenmeter bergauf: 1585 m
Höhenmeter bergab: 133 m
Maximale Steigung: 14,8 %
Durchschnittliche Steigung: 9,0 %
Maximales Gefälle: 2,9 %
Durchschnittliches Gefälle: 1,8 %

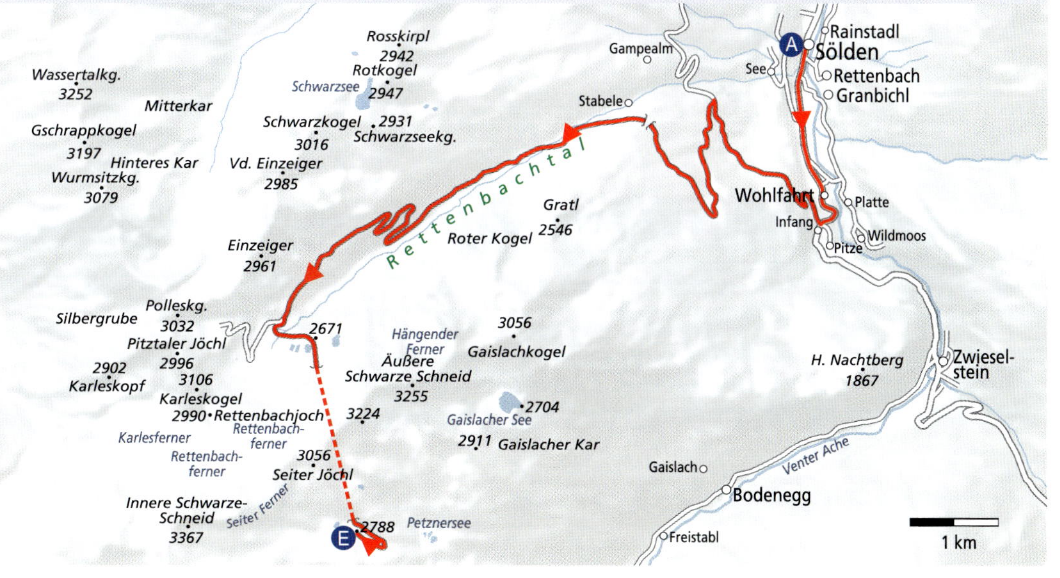

08

Traum auch für Technikfans
Schlegeis Alpenstraße

Wer dieser Panoramastrecke folgt, kann eine 725 Meter lange und 131 Meter hohe Staumauer sogar von innen erkunden.

Der Schlegeisspeicher zählt zu den landschaftlichen und auch technischen Höhepunkten des gesamten Zillertales. Und die Panoramastraße dorthin zu den fahrerischen Leckerbissen der Region.

Die Geschichte der Straße

Der Bau der mächtigen Stauwand für den Schlegeisspeicher begann nach der Schneeschmelze 1965 und dauerte gute fünf Jahre. Im Juli 1970 begann man mit dem ersten Aufstauen der Schmelzwasser aus dem Zamser Grund. Dabei wurde auch die seit 1883 betriebene Dominikushütte des Österreichischen Alpenvereins geopfert und versank in den allmählich steigenden Fluten. Wie schwierig die Bauarbeiten waren, lässt sich an der Zahl der Todesopfer unter den Bauarbeitern messen: 21 Menschen starben, an sie erinnert eine Kapelle am Speicher. Im Sommer 1973 wurde erstmals Vollstau gemeldet, in der Folge baute der Kraftwerksbetreiber die Materialtransportstraße hinauf zum Speicher zu einer Panorama-Alpenstraße aus, für deren Erhalt nun eine Maut erhoben wird.

TOUR-TELEGRAMM

Land: Österreich
Region: Zillertal
Höchster Punkt: 1805 m
Basisort: Mayrhofen
Anzahl Kehren ca.: 11
Streckenlänge insgesamt: 24 km
Schwierigkeit: Leicht
Mautpflicht: ja (2015: 8,– Euro)
Beste Jahreszeit: Ende Mai bis Ende Okt.
Wintersperre: Anfang Nov. bis Ende April
Gut kombinierbar mit: Tour 9 und 10

Die Straße heute

Nicht nur Architekten und technikbegeisterte Biker schwärmen übrigens von der Möglichkeit, das Innenleben der 725 Meter langen und 131 Meter hohen Schlegeis-Staumauer erkunden zu können. Die circa einstündige Führung in die Schlegeis-Sperre findet von Juni bis Oktober zwischen zehn und 16 Uhr zu jeder vollen Stunde statt. Fachkundige Mitarbeiter des Kraftwerkbetreibers erklären die hoch komplexe Technik eines derartigen Stausees.

Doch zurück zum gut vier Kilometer langen und zwei Quadratkilometer großen Stausee, dessen 130 Millionen Kubikmeter immerhin 350 Millionen Kilowatt feinsten Naturstrom produzieren. Und das inmitten einer herrlichen Alpenlandschaft, umgeben von lichten Zirbenwäldern und einem Wanderparadies besonderer Güte, in dem sich auch einfach nur gemütlich spazieren lässt. Allein schon der Gang über die gewaltige Krone der Staumauer ist erinnerungswürdig. Probieren Sie es aus.

Die Schlegeis Alpenstraße selbst windet sich zunächst durch den wildromantischen Zamser Grund, ein enges Hochtal, bevor wir über einige Kehren und einspurige Felsentunnels – zum Teil ampelgeregelt – bis zur

Mein persönlicher Tipp

Rund um den Schlegeis-Speicher liegen herrliche Wandergebiete jeglicher Schwierigkeitsgrade. Wie wäre es mit einem Wandertag inmitten grandioser Natur?

Bild links: Blick auf den Stausee samt Mauerkrone

Die Panoramastraße ist fahrerisch ein leichtes Terrain.

Aufgepasst im Alpenherbst: Ende Oktober schließt die Straße ohne »Gnade«.

Krone der Staudammmauer gelangen. Große Parkplätze und Infotafeln erklären die imposante Technik, ringsumher bieten Wanderwege schöne Möglichkeiten, sich abseits des Mopedsattels zu bewegen. Oder einfach inmitten hochalpiner Umgebung ausgiebig zu pausieren.

Erlebenswertes im direkten Umfeld

Das Zillertal ist eine der berühmtesten touristischen Regionen Tirols, ja ganz Österreichs. Das gesamte Tal, wie auch seine Hänge und Seitentäler sind ein wahres Paradies für Kurzurlaube und Wochenendtrips mit dem Motorrad. In Höhenlagen zwischen ein- und zweitausend Metern bieten sich hervorragende Ausblicke auf so manche Berühmtheiten der Alpen, wie die Großglockner- und Venedigergruppe und das zerklüftete Kaisergebirge. Kleine Straßen und Sackgassen führen rechts und links des Lenkers in die immer noch recht einsamen Hochtäler, die vor allem im Sommer abseits allen Rummels auf ihre Entdeckung warten. Denn die berühmte Zillertaler Skisaison endet zuverlässig spätestens im Mai und gibt das Land und seine Pisten frei für uns Biker – ab Juni dann sogar bis in die höchsten Höhenzüge, wie die nun folgende Zillertaler Höhenstraße. Infos unter www.zillertal.at.

Der Basisort

Wintersportfans bekommen garantiert glänzende Augen beim Gedanken an Mayrhofen, der touristischen Perle im hinteren Zillertal. Die immerhin viertgrößte Gemeinde Österreichs besitzt geschichtliche Wurzeln, die über 1000 Jahre zurückreichen. Die ersten Siedler kamen aus dem Süden über die Berge und wurden, begeistert von der Lage des Hochtales, einfach sesshaft. Mit dem Bau der ersten Berghütten auf den umliegenden Gipfeln kam ab 1879 der Tourismus ins Zillertal – und kommt bis heute gerne wieder. Und das nicht nur im Winter, sondern ganzjährig. Denn wer einmal hier war, der kommt gerne wieder. Garantiert.

Moderne Zeiten: Einen perfekten Selfie-Standort gibt's dort oben auch.

TOUR-INFOS

Strecken-Charakteristik:
Fahrerisch ist die gemächlich ansteigende, kurvenreiche Sackgasse »leichte Kost«, ihr landschaftlicher Höhepunkt ist der idyllisch gelegene Speichersee ganz am Ende der Panoramastraße. Nehmen Sie sich unbedingt Zeit mit für einen Spaziergang oder einen Einkehrschwung inmitten prächtiger Bergpanoramen. Es lohnt sich und macht den Kopf frei.

Höhenprofil

Höhenmeter bergauf: 1645 m
Höhenmeter bergab: 509 m
Maximale Steigung: 12,6 %
Durchschnittliche Steigung: 6,8 %
Maximales Gefälle: 7,5 %
Durchschnittliches Gefälle: 6,0 %

Kombi-Möglichkeiten:
Zwei weitere Zillertaler Höhepunkte warten »gleich umme Ecke« auf uns: der Noch-Geheimtipp »Zillertaler Höhenstraße« (Nr. 9) sowie die weithin bekannte Gerlos Alpenstraße (Nr. 10) mit den Krimmler Wasserfällen und einer Schnäppchen-Variante.

Einkehr & Übernachtung:
Im Grunde besteht das gesamte Zillertal aus Einkehr-Boxenstopps, meine Empfehlung lautet: **Hofer's Wirtshäusel** in der Gerlosstr. 33 in Zell im Zillertal. Und ein Hotel mit toller Lage und ebenfalls leckerer Küche ist das **Hotel Gasthof Bräu**, Dorfplatz 1 in Zell am Ziller, www.hotel-braeu.at.

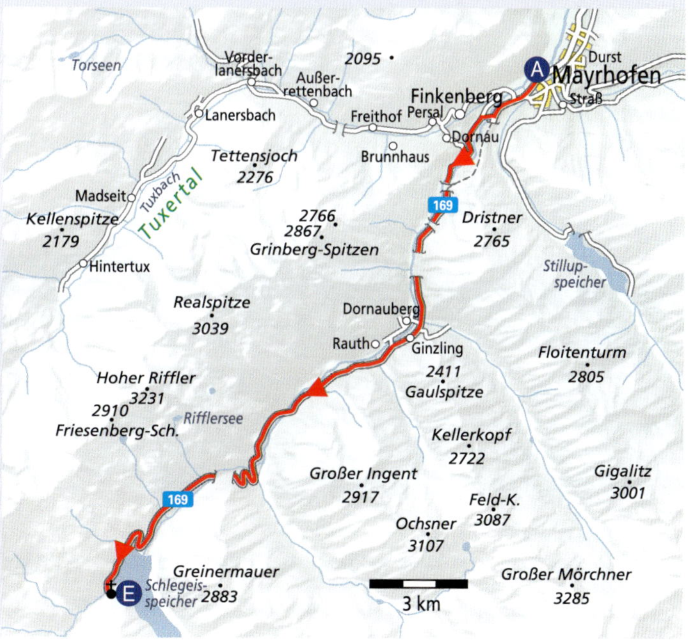

09

Grandioser Gegenwert Zillertaler Höhenstraße

Gönnen Sie sich diese prächtige Panoramastraße im frühen Frühling oder im späten Herbst.

Sie ist das heimliche Highlight des berühmten Zillertales, sie ist beliebt bei Mountainbikern, Gleitschirmfliegern, Wanderern und Ausflugstouristen. Sie zählt zu den schönsten Panoramastraßen Österreichs, gleichwohl sich dies – erfreulicherweise – noch nicht vollumfänglich herumgesprochen hat. Deshalb geht es dort oben auch im Sommer durchaus noch beschaulich zu.

TOUR-TELEGRAMM

Land: Österreich
Region: Zillertal
Höchster Punkt: 2030 m
Basisort: Zubringer aus Hippach, Zellberg, Ried, Aschau und Kaltenbach im Zillertal
Anzahl Kehren ca.: 29
Streckenlänge insgesamt: 50 km
Schwierigkeit: Mittel
Mautpflicht: ja (2015: 5,– Euro)
Beste Jahreszeit: Mitte Mai bis Mitte Okt.
Wintersperre: Anfang Nov. bis Ende April
Gut kombinierbar mit: Tour 8 und 10

Die Geschichte der Straße

Nicht nur beschwerlich war es noch in den 1950er-Jahren für die Bergbauern am Westhang des Zillertales, ihre Wiesen zu mähen und ihr Vieh zu versorgen. Auch die zahlreichen ungehindert zu Tal stürzenden Gebirgsbäche sorgten nach der Schneeschmelze immer wieder für erhebliche Überschwemmungen in den Gemeinden des Zillertales.

Zu Beginn der 60er-Jahre wurde eine simple, grob geschotterte und finanziell vergleichsweise günstige Fahrstraße geplant, die nicht nur den Bergbauern eine einfachere Bewirtschaftung ihrer Almen ermöglichte. Deren Bau und Fundamentierung sollten auch dafür sorgen, dass die Wildbäche eine naturschonende, aber nachhaltige Kanalisierung erhielten, deren unmittelbare Folge auch ein Rückgang der zahlreichen Überschwemmungen in diesem Gebiet war.

Der von vielen Punkten der Almenstraße aus zu genießende traumhafte Panoramablick über das gesamte Zillertal sprach sich alsbald herum, wie ein Lauffeuer. Immer mehr mit dem eigenen Auto anreisende Gäste des Tales wollten die Straße erfahren. So öffnete man 1969 die einfache Schotterstraße für wagemutige Fahrer mit bergtauglichen Automobilen. Eine Tatsache, die auch den bewirtschafteten Almen rund um die Höhenstraße neue Gäste brachte.

1978 wurde die gesamte Panoramastraße dann ausgebaut und mit direkten Zubringern von Zell über den Zellberg versehen. Gute 50 Kilometer Strecke kamen dabei zusammen – das ging ordentlich ins Geld. Konsequenterweise beschloss man, die Kosten der vollständigen Asphaltierung sowie aufwendigen Instandhaltung der Panoramastraße durch eine Maut zu finanzieren.

Die Straße heute

Und die ist für uns Motorradfahrer mit fünf Euro derart überschaubar, dass ich überzeugt konstatieren möchte: Wohl selten gab es mehr Gegenwert für unser Geld als auf der Zillertaler Höhenstraße.

Denn trotz der überschaubaren Kosten hält sich der Verkehr auf dieser stellenweise beinahe einspurigen Piste auch an Sommerwochenenden noch einigermaßen in Grenzen. Insgesamt vier Auffahrten führen von Ried, Kaltenbach, Zellberg sowie Hip-

Bild links: Eine Auszeit hoch über unserem Alltag und dem Zillertal

Herbstgenuss: Ab Oktober ist die Zillertaler Höhenstraße besonders farbenprächtig.

Mein persönlicher Tipp

Im frühen Frühling oder aber im Herbst ab Oktober reduziert sich die Zahl der mit straßenbreiten Kleinbussen auf die Höhenstraße »geschaufelten« Tagestouristen und Gleitschirmpiloten deutlich. Eine perfekte Zeit, um nahezu die gesamte Strecke auf der Ideallinie zu erfahren.

Bild rechts: Vor allem im Herbst entfaltet die Höhenstraße ihr ganz besonders buntes »Kleid«.

Mein Tipp für das Zillertal: die Rampe auf der Ostseite des Tals

pach-Schwendberg aus dem Zillertal hinauf auf eine Höhe von gut 2000 Metern und fordern auch an ruhigen Tagen unsere volle Konzentration. Vor allem im unteren Bereich müssen wir uns die Strecke mit Anwohner-PKWs, Traktoren, Lieferverkehr und einer Buslinie teilen.

Das erfordert eine sichere Hand im Umgang mit dem Motorrad, gleichwohl die Straße selbst durchgängig in einem ordentlichen Zustand ist. Oberhalb der Baumgrenze bieten sich uns bald darauf derart atemberaubende Ausblicke auf die umliegenden Zillertaler Alpen, dass unser Reisetempo meistens automatisch auf leicht über Schrittgeschwindigkeit sinkt. Doch auch hier gilt es vorsichtig zu sein, denn selbst im oberen Abschnitt der Höhenstraße dürfen zumindest kleinere Reisebusse verkehren. Und Randabsicherungen sind hier oftmals Fehlanzeige.

Zahlreiche Gasthöfe und Almwirtschaften laden entlang der Strecke zu einem spontanen, gerne auch ausgiebigen Einkehrschwung, bieten mit deftiger Hausmannskost, frischer Almmilch und herzhaftem Käse eine ganz andere Art von Sinnesgenuss, dem wir uns nicht verschließen sollten. Berühmt ist die Höhenstraße auch für ihre musizierenden Wirtsfamilien, die vor allem an den Wochenenden und abends ihren Gästen zünftig aufspielen.

Erlebenswertes im direkten Umfeld

Eine Freiheit ganz anderer Art mit garantiert unvergesslichen Augenblicken bieten die von der Zillertaler Höhenstraße aus ver-

Auch 350-kg-Boliden, wie BMWs 6-Zylinder fühlen sich hier pudelwohl.

gleichsweise gefahrlos möglichen Flüge mit Gleitschirm oder Drachen. Bereits früh am Tag erzeugt die Sonne an den Osthängen eine sichere Thermik, die einen Gleitschirmflug oftmals zu einem mehrstündigen Erlebnis werden lässt. Und falls Sie selbst noch keine Lizenz zum freien Fliegen besitzen, aber unbändige Lust zum sicheren »Vogelflug« in sich spüren, empfehle ich Ihnen einen Tandem-Schnupperflug mit der Zillertaler Gleitschirmschule (www.zillertaler-flugschule.com). Erfahrene Piloten ermöglichen es, die Welt aus einem Blickwinkel zu erleben, wie er natürlicher und andersartiger kaum sein kann. Ein wenig sportliche Grundkondition vorausgesetzt können Sie eine ganz neue Art der Freiheit erleben, die garantiert unvergesslich bleiben wird. Ich selbst habe meine schönsten Flüge von der Zillertaler Höhenstraße aus gestartet. Aber ausgepasst: Bereits ein einziger Tandemflug mit einem Gleitschirm oder Drachen kann süchtig machen …

Die Basisorte

Von Hippach, Zellberg, Aschau, Ried und Kaltenbach führen sogenannte Zubringer hinauf auf die Höhenstraße. Die aus ehemaligen Bauernhöfen und Weilern im Laufe der Zeit entstandenen Talorte konnten sich einen Großteil ihres ursprünglichen Charakters und Charmes durchaus bewahren. Und das will schon etwas heißen in Anbetracht des enormen touristischen Aufschwungs, den das gesamte Zillertal in den letzten Jahrzehnten erlebt hat. Gasthäuser und Einkehrmöglichkeiten gibt es allerorten und zuhauf, aber auch immer noch sehenswerte Bauernhöfe und landwirtschaftliche Anwesen, die uns ein Bild darüber vermitteln, wie beschaulich es einstmals im gesamten Zillertal zugegangen sein muss. Ein kleines Stückchen heile Welt ist hier sozusagen noch zu entdecken – wir müssen nur ein wenig danach suchen. Möglichst weit abseits der das Tal in zwei Hälften »zerschneidenden« B169. Apropos: Auf der östlichen Seite des Zillertales geht es noch deutlich geruhsamer zu, dorthin »verirren« sich oftmals nur die Kenner der Region. Probieren Sie die Pisten dort ruhig einmal aus.

Mit viel Liebe zum Detail schmückt sich das Zillertal.

TOUR-INFOS

Strecken-Charakteristik:
Stellenweise sogar anspruchsvolle, weil sehr schmale und im oberen Drittel auch ausgesetzte Bergstrecke mit engen Kehren. Von Frühling bis Herbst durch Landwirtschaft teilweise verschmutzte Fahrbahnen, an Sommerwochenenden auch einiges an Verkehr.

Kombi-Möglichkeiten:
Mit Schlegeis (Nr. 8) und Gerlos (Nr. 10) erwarten uns zwei Kombinationsmöglichkeiten, die zur Übung deutlich leichter zu erfahren sind. Die Zillertaler Höhenstraße kann als abschließender fahrerischer Höhepunkt kombiniert werden.

Einkehr & Übernachtung:
Die Einkehr direkt auf der Höhenstraße: **Almgasthaus Zirmstadl** mit grandioser Panoramaterrasse und uriger Tiroler Küche, www.zirmstadl.at. Die Übernachtung unten im Tal: **Hotel Gasthof Bräu**, Dorfplatz 1 in Zell am Ziller, www.hotel-braeu.at.

Höhenprofil

Höhenmeter bergauf: 2298 m
Höhenmeter bergab: 2251 m
Maximale Steigung: 14,4 %
Durchschnittliche Steigung: 9,8 %
Maximales Gefälle: 14,5 %
Durchschnittliches Gefälle: 8,5 %

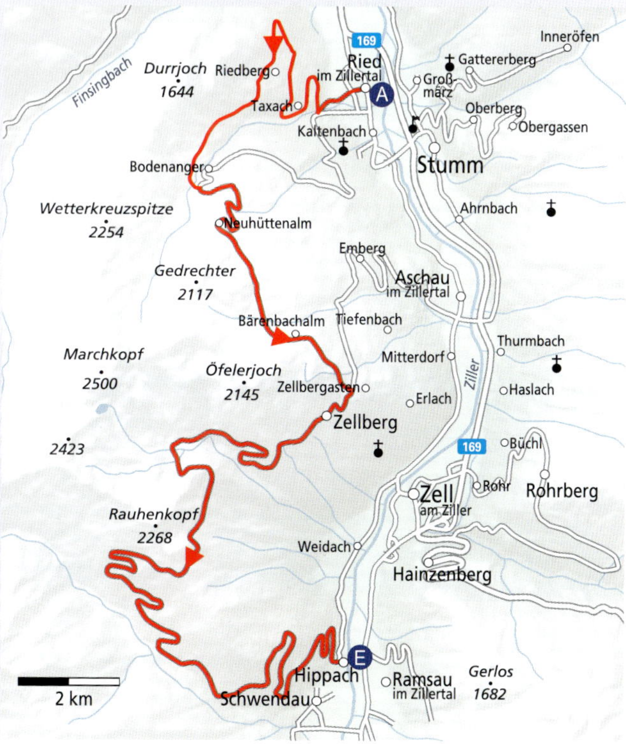

10

Zwei Varianten = ein Genuss Gerlos Alpenstraße

Am Übergang zwischen Tirol und Salzburger Land und entlang großartiger Naturschauspiele gibt es diese Straße auch als Variante für Sparfüchse.

Während die offizielle (neue) Gerlos Alpenstraße einen kleinen Obolus von uns verlangt, gibt es die historische Route ganz umsonst. Allerdings fahrerisch nicht ganz so bequem.

TOUR-TELEGRAMM

Land: Österreich
Region: Zillertal (und Salzburger Land)
Höchster Punkt: 1630 m
Basisort: Zell am Ziller und Neukirchen am Großvenediger
Anzahl Kehren ca.: 17
Streckenlänge insgesamt: 48 km
Schwierigkeit: Leicht
Mautpflicht: ja (2015: 5,50 Euro)
Beste Jahreszeit: Ende Mai bis Mitte Okt.
Wintersperre: Keine
Gut kombinierbar mit: Tour 8, 9, 11 und 13

Die Geschichte der Straße

Franz Wallack, der Konstrukteur der legendären Großglockner Hochalpenstraße, hatte 1949 gleich nach Kriegsende und 14 Jahre nach Eröffnung seines Lebensprojektes am Großglockner die Idee – und bald darauf schon fertige Pläne – die damals wie heute existierende »Alte Gerlosstraße« von Wald im Pinzgau hinauf auf die Gerlosplatte durch eine neue und moderne Panoramastraße zu ersetzen. Musste doch die alte Trasse im Winter regelmäßig wegen Unbefahrbarkeit gesperrt werden. Zudem führte sie fernab der Krimmler Wasserfälle fast ausschließlich durch dunklen Wald.

Es sollten allerdings 13 Jahre ins Land gehen, bis eine zwölf Kilometer lange und zweispurig nutzbare Straße an den Wasserfällen entlang über knapp 600 Höhenmeter insgesamt bergauf zur Gerlosplatte fertiggestellt war. Rechtzeitig zur Wintersaison am

1. Dezember 1962 war feierliche Eröffnung. Das stetig wachsende Skigebiet rund um das Almdorf Königsleiten war damit ganzjährig gefahrlos erreichbar, denn selbst in schneereichen Wintern wird die Gerlos Alpenstraße seitdem freigeschaufelt und befahrbar gehalten. Zumindest für Pkw mit Winterausrüstung.

Nur der Anschluss von Tiroler Seite ließ lange Zeit auf sich warten, da die Streckenführung zunächst keine besondere Priorität besaß. Erst durch den Bau des Speichers Durlassboden oben auf der Gerlosplatte machte der Straßenanschluss an das Zillertal Sinn und wurde 1964 fertiggestellt.

Die Straße heute

Durchgehend zweispurig und gut ausgebaut bietet die Gerlos Alpenstraße selbst an verkehrsreichen Sommerwochenenden viele Möglichkeiten zu satter Kurvenhatz und ordentlicher Schräglage. Und garniert mit zahlreichen landschaftlichen Highlights rechts und links des Lenkers bietet der im Scheitelpunkt der Strecke liegende Gerlospass vielfältige Sightseeing-Möglichkeiten für einen ganzen Tourentag inmitten einer prächtigen Bergwelt zwischen Hohen Tauern und Zillertaler Alpen.

Bereits der Anstieg von Zell am Ziller Richtung Hainzenberg beginnt fahrerisch durchaus fast anspruchsvoll mit einer Handvoll Spitzkehren. Lassen Sie sich dabei bitte nicht von den prächtigen Ausblicken auf das Zillertal ablenken, die sind vom Parkplatz unterhalb von Hainzenberg in aller Ruhe und mit ausgeklapptem Seitenständer gefahrloser zu betrachten.

Bild links: Blick vom Pass Thurn auf das Salzachtal mit Gerlospass

Echt sagenhaft: Der Großvenediger und die Hohen Tauern erwarten uns.

Willkommen!
GERLOS
ALPENSTRASSE
Beginn der
Gerlos
Alpenstraße

Mein persönlicher Tipp

Auch wenn es verlockend erscheint, sich die Maut zu sparen – gönnen Sie sich auch mindestens einmal eine Fahrt über den kostenpflichtigen neuen Teil der Alpenstraße. Mitsamt Blick auf die atemberaubenden Krimmler Wasserfälle. Und fragen Sie gleich nach dem Motorrad-Tour-Ticket, einer günstigen Kombi für Großglockner, Gerlos- und Nockalm- sowie Villacher Alpenstraße.

Einer meiner absoluten Lieblings-Pausenplätze der gesamten Alpen befindet sich nahe des Scheitelpunktes der Strecke mit Blick auf den Speichersee in gut 1400 Metern Höhe. Sechs Kilometer lang, zwei Kilometer breit und bis zu 55 Meter tief speichert der Stausee nicht nur die Schmelzwasser der umliegenden Berge, sondern bietet auch eine der höchstgelegenen Surf- und Segelschulen, einen Bootsverleih, ein Strandbad mit Kinderspielplatz und Grillstelle sowie ein gemütliches Restaurant mit Ausblicken bis in die Unendlichkeit der Zillertaler Alpen.

Die horizontfüllende Gerlosplatte ist ein beliebtes – noch schneesicheres – Skigebiet der Region, hier beginnt auch der mautpflichtige Abschnitt der Gerlos Alpenstraße, eine mächtige Mautstation sperrt beide Fahrbahnen ab. Rechter Hand tauchen die in alpinem Stil gebauten Apartmenthäuser von Hochkrimml auf, die Panoramastraße schwingt daran vorbei gen Südwesten in weiten Bögen hinunter nach Krimml und weiter ins Salzachtal.

Die historische Alternative zur offiziellen Gerlos Alpenstraße zweigt am Almdorf Königsleiten noch vor der Mautstation linker Hand ab und führt über eine nur sporadisch instand gesetzte, extrem kurvenreiche und unübersichtliche Piste durch dichten Wald und vorbei an einigen Bergbauernhöfen. Von der offiziell als B165 – also als Bundesstraße! – deklarierten Piste zweigen immer

Bild links: Begrüßungstafel im Bergdorf Krimml nahe den Wasserfällen

Nebelwelten verzaubern die Alpenstraße im Frühling und Herbst.

Eiskalt und wunderschön: der Speicher Durlassboden

wieder Güterwege ab, die hinauf an die Talhänge führen. Fahranfänger und Gelegenheitsfahrer sollten diese Pisten tunlichst ignorieren, es ist schwieriges Gelände. In Wald im Pinzgau mündet die Alte Gerlosstraße dann wieder in die Hauptstrecke und wird als B165 weitergeführt.

Erlebenswertes im direkten Umfeld

Bereits 1796 wurden die Krimmler Wasserfälle als das »größte und prächtigste Naturschauspiel im Land Salzburg« bezeichnet, 1845 betitelte ein Reiseführer sie gar als »den schönsten Wasserfall der Monarchie«. Fakt ist, dass die Krimmler Wasserfälle direkt an der südwestlichen Mautstation mit 400 Metern Fallhöhe immerhin die höchsten Europas sind. Bereits von Ferne ist ihr Rauschen zu hören, die letzten Meter bis zu den immensen Fluten muss man allerdings zu Fuß zurücklegen.

Die Krimmler Ache, deren Wasser in drei Katarakten so spektakulär in die Tiefe stürzt, hat ein Einzugsgebiet von 110 Quadratkilometern mit 23 Gletschern. Je nach Jahreszeit führt der Bach zwischen zehn und 83 Kubikmeter Wasser pro Sekunde. Am meisten Wasser stürzt am Abend ins Tal, wenn das mittägliche Schmelzwasser quasi eine Flut erzeugt. Zur Mittagszeit herrscht wassertechnisch eher Ebbe, denn frühmorgens geben die umliegenden Gletscher wegen der Kälte der Nacht am wenigsten Wasser ab.

Einen ersten wunderschönen Blick auf die Naturgewalten hat man vom ausgeschilderten Parkplatz »Wasserfallblick« an der Gerlos Alpenstraße aus. Doch nicht nur, um unsere Bikerkluft auf ihre Wasserdichtigkeit zu testen, lohnt es sich, ein paar Meter zu Fuß bis zum Rand der Fälle zu wandern. Weitere Infos unter www.wasserwunderwelt.at.

Die Basisorte

Zell am Ziller ist das Zentrum der sogenannten Zillertal-Arena. Im hinteren Zillertal in einem weiten Talkessel gelegen, beginnt hier nicht nur der Aufstieg zur Gerlos Alpenstraße. Auch die Zillertaler Höhenstraße sowie die Schlegeis Alpenstraße – allesamt in diesem Buch verewigt – liegen von hier aus beinahe zum Greifen nahe. Damit ist das sehenswerte Örtchen Zell am Ziller automatisch prädestiniert als möglicher und prächtiger Tourenstandort.

Es ist unbestritten eines der schönsten Alpentäler, das liebliche Salzachtal mit seinen historisch gewachsenen Orten und mächtigen Bergen. Neukirchen am Großvenediger ist so ein sehenswertes einstiges Bergdorf, das sich trotz aller touristischen Aktivitäten seinen bäuerlichen Charme bewahren konnte. Nur einmal im Jahr – mitten im Alpensommer – erwacht das Dorf zu gänzlich ungewohntem Leben. Denn dann veranstaltet Triumph hier seine inzwischen legendären Tridays. Sieben Tage lang Ende Juni gehört die Welt rund um Großvenediger, Gerlos und den Hohen Tauern dann uns Bikern ganz allein. Übrigens markenübergreifend.

TOUR-INFOS

Strecken-Charakteristik:
Gleichwohl sie eine wenig steile, gut ausgebaute Passstrecke ist und selbst Führerschein-Neulinge zu keiner Zeit überfordert, gehört diese »Berühmtheit der Panoramastraßen« unzweifelhaft in dieses Buch. Und hat zudem auch »alten Hasen« noch so manches zu bieten.

Kombi-Möglichkeiten:
Gerlos und das Salzachtal liegen im Mittelpunkt einiger erlebenswerter Panoramastraßen – unserer Nr. 8, 9 sowie 11 und 13 – die sich zu einem mehr als wochenfüllenden Tourprogramm ausbauen lassen. Ja die gesamte Region bietet Vielfalt und Abwechslung für jeden Sommerurlaub ganz besonders natürlich den im Motorradsattel.

Einkehr & Übernachtung:
Am Südfuß der Alpenstraße erwartet uns das **Restaurant Schöneben** direkt in Wald im Pinzgau.
Einen echten Bikerwirt mit Rundum-Service finden wir im **Hotel-Restaurant Brugger**, Marktstr. 163 in Neukirchen am Großvenediger, www.hotel-brugger.com.

Höhenprofil

Höhenmeter bergauf: 1551 m
Höhenmeter bergab: 1274 m
Maximale Steigung: 15,2 %
Durchschnittliche Steigung: 4,0 %
Maximales Gefälle: 10,5 %
Durchschnittliches Gefälle: 4,2 %

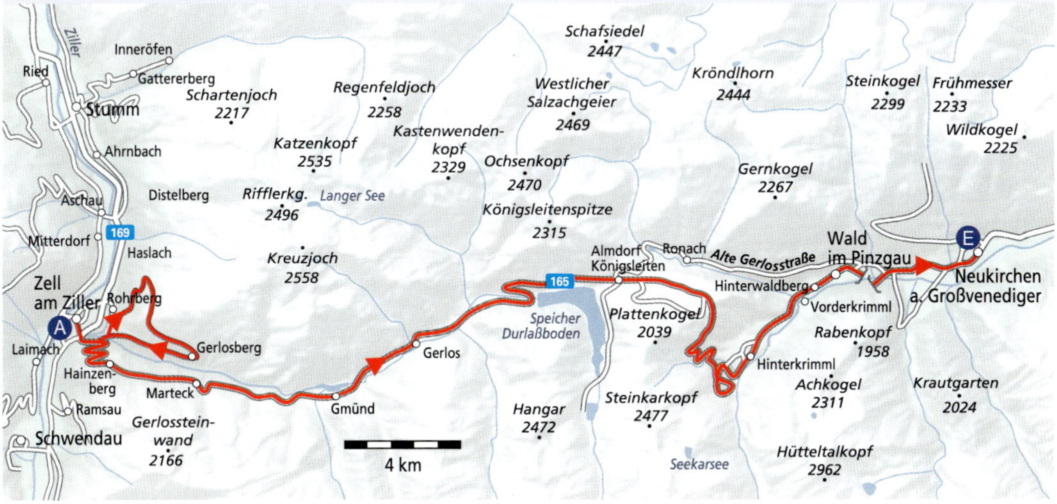

11

Fernab von Schickimicki Kitzbüheler Horn Panoramastraße

Eine Panoramastraße in Kitzbühel – das klingt recht mondän. Doch statt High Society und Schickimicki gibt's grandiose Ausblicke und echten Gegenwert.

Eine recht kurze, dafür aber auch abschnittsweise fahrerisch durchaus anspruchsvolle Panoramastraße entführt uns auf den sehenswerten Hausberg der Stadt.

TOUR-TELEGRAMM

Land: Österreich
Region: Kitzbühel
Höchster Punkt: 1675 m
Basisort: Kitzbühel
Anzahl Kehren ca.: 16
Streckenlänge insgesamt: 11 km
Schwierigkeit: Mittelschwer
Mautpflicht: ja (2015: 5,– Euro Motorrad + 3,– Euro je Person (Verzehrgutschein)
Beste Jahreszeit: Mitte Mai bis Ende Okt.
Wintersperre: Anfang Nov. bis Ende April
Gut kombinierbar mit: Tour 8, 9, 10 und 13

Die Geschichte der Straße

Das markante Kitzbüheler Horn mit seinen spitz aufragenden 1996 Höhenmetern prägt nicht nur den Postkartenanblick der Stadt, sondern ist zudem einer der bedeutendsten Berge der Tiroler Alpen. Einstmals der Hausberg der Kitzbüheler Bürger erkannte man rasch, dass der Berg auch touristisch gut in das »Gesamtkunstwerk« Kitzbühel passen würde. Bergbahnen wurden Richtung Gipfel gebaut sowie eine knapp acht Kilometer lange Mautstraße asphaltiert. Diese war zunächst als Versorgungsweg der in Gipfelnähe liegenden Gasthäuser gedacht, entpuppte sich alsbald aber auch als Wunschziel vieler mit dem Auto anreisenden Touristen.

Und um diese nicht nur auf den Berg, sondern auch in das größte Gasthaus dort oben zu locken, wurde der ganz spezielle Kitzbüheler Mauttarif mit Verzehrbonus eingeführt.

Die Straße heute

Die insgesamt auskömmlich breite Straße ist aus allen Hauptrichtungen ausgeschildert und zweigt von der B161 circa zwei Kilometer nördlich des Kitzbüheler Zentrums gen Osten ab. Anfänglich geht es noch recht schmal durch Vorortstraßen, ab dem Mautautomaten wird die Piste breiter und panoramareicher. Über Almwiesen und durch Waldstücke geht es teilweise mit ordentlicher Steigung bergan. Vor allem die Ausblicke auf Kitzbühel und seine Alpenkette bleiben hierbei in Erinnerung.

Da auch Reisebusse die Straße befahren dürfen, blockieren sie oftmals die Kehren oder zwingen uns zu Ausweichmanövern. An Sommerwochenenden ist die Mautstraße auf das Kitzbüheler Horn – mit Ausnahme der Aussicht – deshalb kein echtes Vergnügen. Übrigens: Die Straße endet am Alpengasthaus Kitzbüheler Horn. Der weiterführende Zubringer zur Sendeanlage des ORF ist mit einer Schranke gesperrt, für den endgültigen Gipfelsturm zu Fuß kalkulieren Sie gute 30 Minuten ein.

Mein persönlicher Tipp

Vor allem an den Sommerwochenenden steppt hier oben der »Tourismus-Bär«, dann stauen sich die Pkw-Kolonnen unter Umständen weit hinab ins Tal. Genießen Sie deshalb die Fahrt hinauf zum Hausberg Kitzbühels unter der Woche – oder vielleicht am »Bettenwechsel-Samstag«: Dann ist die Chance auf deutlich weniger Verkehr besonders groß.

Erlebenswertes im direkten Umfeld

Einer der natürlichen Schätze Kitzbühels ist der am Stadtrand gelegene Schwarzsee. Auf den ersten Blick recht unscheinbar, handelt

Bild links: Farbenfrohe »Promi-Badewanne«: der Schwarzsee am Rande Kitzbühels

Auf Entdeckungstour im Kitzbüheler Umland

Ausweichstellen »entschärfen« die Piste an manchen Stellen.

es sich immerhin um den wärmsten Moorsee Tirols. Direkt vor den nordwestlichen Toren der Stadt breitet er sich auf gut 16 Hektar aus und erwärmt sich mit seinen gerade einmal sieben Metern Tiefe im Sommer auf über 24 Grad Celsius.

Direkt am See finden wir ein Seebad sowie aussichtsreiche Cafés und Restaurants, die sich auch für einen schnellen Boxenstopp immer lohnen. Infos unter www.kitzbuehel.com.

Der Basisort Kitzbühel

A bisserl mondän, a bisserl versnobt ist es schon, dieses Kitzbühel – oder »Kitz«, wie vor allem auch Möchtegern-Promis sagen, um ihre Dazugehörigkeit zu proklamieren. Der vielleicht berühmteste Wintersportort

Österreichs liegt direkt am Fuß von Hahnenkamm und Kitzbüheler Horn und ist vor allem im Winter ein wahrlich legendärer Tummelplatz der Eitelkeiten. Doch von Frühling bis Spätherbst geht es in und rund um Kitzbühel deutlich geruhsamer zu. Dann hat »Kitz« auch uns Bikern etwas zu bieten. Neben einer sehenswerten Shopping-Fußgängerzone vor allem auch grandiose Alpenpanoramen. Apropos: Für Shopping-Vergnügen sollte Ihre Kreditkarte »voll aufgeladen« sein, für meinen Übernachtungstipp reicht das normale Limit.

Echt oder Replik? Bauernhaus am Rande Kitzbühels.

TOUR-INFOS

Strecken-Charakteristik:

Man mag es bei ihrem Anblick kaum glauben, aber die kräftig ansteigende Sackgasse besitzt mit ihren teils engen Kehren durchaus anspruchsvolle Abschnitte. An Sommerwochenenden herrscht zudem reger Gegenverkehr nicht nur im Form von Pkws der Kitzbüheler Tagesgäste. Vor allem auch Rentner-Reisebusse haben das Horn leider als lohnenden Boxenstopp erkannt.

Höhenprofil

Höhenmeter bergauf: 1021 m
Höhenmeter bergab: 100 m
Maximale Steigung: 15,8 %
Durchschnittliche Steigung: 11,2 %
Maximales Gefälle: 14,5 %
Durchschnittliches Gefälle: 3,8 %

Kombi-Möglichkeiten:

Gen Süden warten mit den Panoramastraßen Nr. 8, 9 und 10 sowie 13 insgesamt vier Kombinationsmöglichkeiten auf uns, die eine ganze Urlaubswoche randvoll mit Kurven und Kehren füllen können. Bringen Sie unbedingt Zeit mit, es lohnt sich.

Einkehr & Übernachtung:

Zum ersten oder auch zweiten Frühstück unbedingt einmal im **Café Schwarzsee** direkt am Kitzbüheler Strandbad vorbeischauen – frei von Schickimicki und mit genialer Aussicht.
Gut und günstig für Kitzbüheler Verhältnisse überzeugt die **Pension Johanna** in der Hammerschmiedstr. 10, www.kitzbuehel-johanna.com.

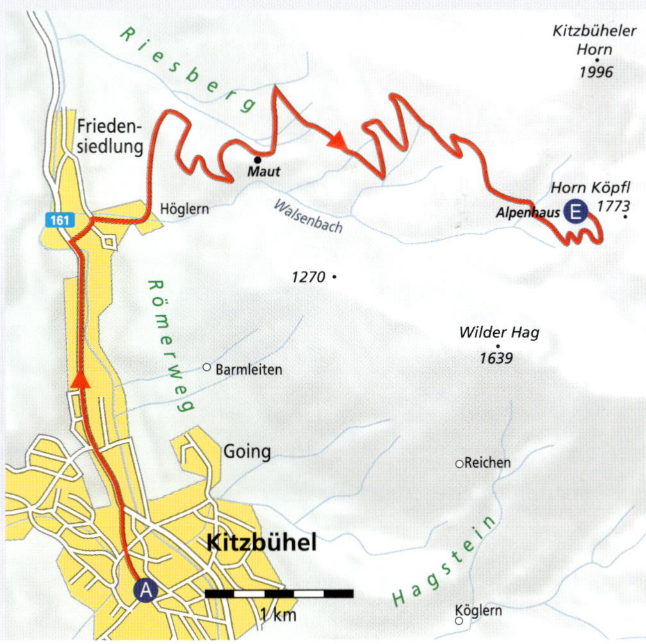

12

Panorama par excellence Pustertaler Höhenstraße

Das Pustertal kennen viele, die am Nordhang verlaufende Höhenstraße wenige.

Die Anwohner der Pustertaler Höhenstraße finden es hier oftmals so schön, dass sie nicht einmal die Stadt mit der höchsten Lebensqualität von dort weglocken kann. Zugegeben: Ich verstehe sie.

TOUR-TELEGRAMM

Land: Österreich
Region: Osttirol
Höchster Punkt: 1455 m
Basisort: Abfaltersbach und Lienz
Anzahl Kehren ca.: 15
Streckenlänge insgesamt: 34 km
Schwierigkeit: Leicht, wenige Abschnitte mittelschwer
Mautpflicht: Keine
Beste Jahreszeit: Anfang Mai bis Ende Okt.
Wintersperre: Keine
Gut kombinierbar mit: Tour 13, 14, 24 und 25

Die Geschichte der Straße

Öde, unfruchtbar soll der slawische Wortstamm »Pust« des Pustertales einstmals bedeutet haben. Da aber schon im frühen Mittelalter Bergbauernfamilien an den sonnenverwöhnten Nordhängen des Tales siedelten und immer mehr Einödhöfe mit atemberaubender Aussicht entstanden, streiten heute die Gelehrten darüber, ob diese Wortstamm-Deutung überhaupt stimmt. Es soll uns nicht weiter stören.

Höfe wuchsen zu Weilern und Ortschaften zusammen, die sich im Laufe der Jahrhunderte durch ein Netz an sogenannten »Güterwegen« miteinander verbanden. Einfach Karrenwege, auf denen die Bauern mit ihren Fuhrwerken nicht nur zu den Wiesen und Weideflächen, sondern auch in die Ortschaften entlang der Talnordseite gelangen konnten.

Wann allerdings die erste Idee aufkam, diese Güterwege zu einer auch touristisch nutzbringenden Panorama-Höhenstraße auszubauen, das liegt im Dunkel der jüngeren Geschichte des Pustertales verborgen.

Mein persönlicher Tipp

Wenn Sie es mächtig eilig haben, wählen Sie für die Durchquerung des Pustertales die im Tal verlaufende B100. An allen anderen Tagen wählen Sie unbedingt die Höhenstraße – sowohl von West nach Ost, als auch umgekehrt ist sie ein fahrerischer Hochgenuss.

Die Straße heute

Die heutige Pustertaler Höhenstraße zählt zu den schönsten Aussichtsstraßen des gesamten Alpenraumes. In Abfaltersbach wenige Kilometer hinter der Grenze zu Italien beginnt ihr Aufstieg. Auf einer natürlichen Sonnenterrasse tummeln sich Dörfer und Weiler in einzigartiger Lage hoch über dem Talboden. Über Asch erreichen wir Anras mit seinem sehenswerten Schloss, einem echten Kulturjuwel moderner Denkmalpflege.

Aufgrund seines ganz ungewöhnlich milden Klimas war Anras in früherer Zeit sogar die Kornkammer des gesamten Pustertales. Das kam auch den Bischöfen von Brixen zu Ohren, die daraufhin das imposante Schloss errichten ließen, um hier in äußerst prunkvollem Ambiente ihre Sommerfrische-Urlaube zelebrieren zu können. Schon damals waren Kirchenfürsten oftmals mehr dem Genuss, denn dem Seelenheil verpflichtet. Heute befindet sich in Schloss Anras ein interessantes Museum über Gerichtsbarkeit und Gerechtigkeit längst vergangener Tage. Ein Schelm, wer Böses dabei denkt!

Von Anras aus führt die Panoramastraße weiter über die Sonnenterrasse nach Unterried und St. Justina. Rund um den Weiler Bannberg wird die Piste nicht nur recht schmal, sie windet sich auch dem natürlichen Verlauf des Bergrückens folgend intensiv durch dunklen Wald und entlang kleiner Almwiesen. Über Leisach geht es dann gemütlich wieder hinab ins Tal direkt vor das Westportal von Lienz.

Bild links: Entstanden aus einfachen Güterwegen: die Pustertaler Höhenstraße

Echt lebensverlängernd? So alt wie die Lienzer Bürger wird sonst niemand in Österreich.

Auch der Sonnenuntergang entlang der Höhenstraße ist ein Gedicht.

Erlebenswertes im direkten Umfeld

Das Lesachtal ist ein von Osttirol nach Kärnten verlaufendes, vom Flüsschen Gail geformtes Tal, beginnend in Silian an der Westgrenze des Hochpustertales. Der besondere Reiz des Tales liegt nicht nur in seinen urtümlichen, ja heimeligen Ortschaften, sondern vor allem auch in dem sehenswerten Gegensatz zwischen weiten Talböden und extrem schroffen Gebirgshängen. Die Talstraße ist fahrerisch sehr abwechslungsreich, ja stellenweise sogar herausfordernd. Gleich zu Beginn begeistert der beinahe unbekannte Kartitscher Sattel (1526 m) der uns kurvenreich in das Herz des Lesachtales führt. Die Talstraße trägt auf ihrer gesamten Länge das berühmte »grüne Band« besonderer Schönheit – und das vollkommen zu Recht. Siehe auch www.lesachtal.com.

Die Basisorte

Abfaltersbach ist geografisch gesehen von Westen kommend das sehenswerte Tor zum Hochpustertal, wie der östlichste Abschnitt des Pustertales auch genannt wird. Ein Ort mit wahrlich bewegter Geschichte erwartet uns, gehörte Abfaltersbach doch einstmals sowohl zum Königreich Bayern wie auch etwas später zum Kaiserreich Frankreich. Hinzu kamen Naturkatastrophen und Unglücke, an die sich noch heutzutage die Chroniken des Ortes lebhaft erinnern.

Lienz, die Hauptstadt Osttirols, weist statistisch nicht nur die meisten Sonnenstunden von ganz Österreich auf. In Kombination mit ihrer nachweislich sauberen Luft scheint die quirlige Stadt sogar »lebensverlängernde Wirkung« zu besitzen, liegt die Lebenserwartung der Einwohner doch deutlich über dem Landesdurchschnitt. Hinzu gesellen sich ein ganzjährig voller Veranstaltungskalender und die ganz spezielle Gastfreundlichkeit der Lienzer, die diese Stadt zu einem optimalen Ausgangspunkt für unsere Rundtouren macht.

Schloss Lienz wacht hoch auf steilem Fels über all dieser Schönheit.

TOUR-INFOS

Strecken-Charakteristik:
Teilweise recht schmale, einstmals für die Verbindung zahlreicher Bergbauernhöfe erbaute, sehr kurvenreiche Bergstrecke mit abschnittsweise engen, ins Tal hinab führenden Kehren.

Kombi-Möglichkeiten:
Das »Nepal Österreichs« erwartet uns rund um die Pustertaler Höhenstraße – die Motorradregion Osttirol. Und die besitzt mit unseren Panoramastraßen Nr. 13, 14 sowie 24 und 25 Kombinationsmöglichkeiten, die Sie begeistern werden.

Einkehr & Übernachtung:
Lienz als Einkehrtipp, wie auch als Tourenstandort ist schlichtweg prädestiniert. Lecker verwöhnen will uns hier das **Gasthaus Gösserbräu** im Alten Rathaus, echt kultig, www.goesserbraeu-lienz.at.
Und das **Hotel Sonne** erwartet uns direkt an der Lienzer Altstadt am Südtiroler Platz 8, ideal auch für Stadterkundungen. www.hotelsonnelienz.at.

Höhenprofil

Höhenmeter bergauf: 1530 m
Höhenmeter bergab: 1845 m
Maximale Steigung: 13,5 %
Durchschnittliche Steigung: 5,8 %
Maximales Gefälle: 14,9 %
Durchschnittliches Gefälle: 6,5 %

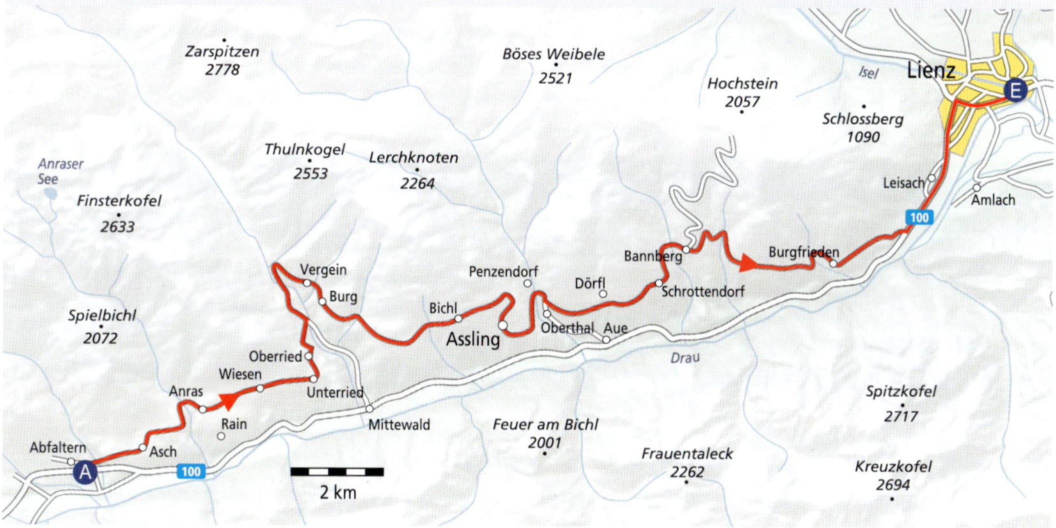

13

Welch geniale Alternative Kalser Glocknerstraße

Diese Straße ist eine noch ziemlich unbekannte Perle Osttirols.

Wer glaubt, dass uns nur die Großglockner Hochalpenstraße auf unmittelbare Tuchfühlung an Österreichs höchstem Berg heranführt, der täuscht sich. Es gibt noch eine zweite Panoramastraße im Südwesten, eine der weitgehend unbekannten Perlen Osttirols.

TOUR-TELEGRAMM

Land: Österreich
Region: Osttirol
Höchster Punkt: 1925 m
Basisort: Huben
Anzahl Kehren ca.: 9
Streckenlänge insgesamt: 20 km
Schwierigkeit: Leicht
Mautpflicht: ja im Sommer (2015: 5,– Euro)
Beste Jahreszeit: Mitte Mai bis Mitte Okt.
Wintersperre: Keine, winterlich zwischen Dez. und April, mautfrei
Gut kombinierbar mit: Tour 10, 11, 12 und 14

Die Geschichte der Straße

Am 28. Juli 1800 wurde der mächtige, 3798 Meter hohe Großglockner erstmals bergsteigerisch bezwungen – von Heiligenblut aus. Es sollte ganze 55 Jahre dauern, bis dies auch vom Bergdorf Kals am Südwestfuß des Berges aus gelang. Sozusagen über Nacht wurde Kals sodann weltberühmt, seine Bergführer etablierten sich in der Folge oftmals als die besten Europas.

Doch auch weiterhin war es recht mühsam, hinauf nach Kals und weiter zum Einstieg in die Glocknerwand zu kommen. Nachdem aber der Tourismus die Region entdeckt hatte, wurde der Bau der Kalser Glocknerstraße durch das bis dato einsame Ködnitztal beschlossen. 1976 war erster Spatenstich und 1980 folgte die feierliche Einweihung der insgesamt gute sieben Kilometer langen und fünf Meter breiten Piste, von der nicht nur der Tourismus in Kals, sondern auch die Bergbauernschaft im gesamten Ködnitztal profitierte.

Die Straße heute

Von Matrei respektive Huben im Osttiroler Iseltal kommend genießen wir zunächst einmal die aussichtsreiche Fahrt hinauf nach Kals am Großglockner. Malerisch auf einer weiten Hochebene drapiert sich das ehemalige Bergbauerndorf, dessen Ursprünglichkeit auch heute noch allerorten spürbar ist.

Die mautpflichtige Panoramastraße zweigt im Kalser Ortsteil Burg rechter Hand ab und schwingt auf gut ausgebauter, breiter Trasse mit durchschnittlich zehn Prozent Steigung hinauf in die Bergwelt. Direkt am großen Sammelparkplatz am Ende der Straße hat man den wohl schönsten Blick auf den übermächtigen Großglockner, der sich blickfüllend direkt vor uns erhebt.

Auf 1920 Metern Höhe erwartet uns zudem das berühmte Lucknerhaus mit seinem großen Bergrestaurant sowie zahlreichen Übernachtungsangeboten. Ein Einkehrschwung hier oben – und sei es nur zu Kaffee und Kuchen – ist angesichts des grandiosen Alpenpanoramas im Grunde Pflicht. Die Kalser Glocknerstraße ist auch

Mein persönlicher Tipp

Einmal mehr kann ich Ihnen hier nur empfehlen, Wanderschuhe und Brotzeit oder ein ausgiebiges Picknick einzupacken. Eine schönere Umgebung werden Sie nur selten finden.

Bild links: Westlich von Huben erwartet uns dann auch das Defereggental.

Dem Großglockner ganz nah sind wir am Ende der Panoramastraße beim Lucknerhaus.

Perfekt ausgebaut windet sich die Straße hinauf zum Fuß des Großglockners.

im Winter mit entsprechender Winterausrüstung befahrbar – und das sogar mautfrei. Von Ende Mai bis Anfang Oktober wird eine geringfügige Maut für den Erhalt der Strecke erhoben.

Erlebenswertes im direkten Umfeld

Im Westen des Basisortes Huben zweigt das malerische Defereggental ab, ein alpines Kleinod, das wir im Mopedsattel in allen Details erkunden können. Und sollten! Denn die Strecke durch das allmählich ansteigende, imposante Tal ist ein fahrerischer Hochgenuss. Die Ortschaften rechts und links des Lenkers sind touristisch gut erschlossen, haben sich aber ihren ganz eigenen Charme bewahren können. Sehr hübsch und immer einen ausgiebigen Boxenstopp wert sind Hopfgarten, Sankt Veit und auch Sankt Jakob mit ihren historischen Zentren und zahlreichen Einkehrmöglichkeiten. Und ganz am Ende erwartet uns der Staller Sattel, ein vergleichsweise unbekannter Alpenpass auf immerhin schon 2052 Höhenmetern. Infos unter www.defereggental.org.

Der Basisort

Über 150 Dreitausender, höchst beeindruckende Gletscher und der größte Nationalpark Mitteleuropas – das Panorama rund um Huben im Herzen der Hohen Tauern hat viel zu bieten. Das historische Zentrum des auch heute noch sehr überschaubaren Bergdorfes ist ideal für einen ausgiebigen Einkehrschwung, seine Umgebung perfekt für ausgiebiges Touren in hochalpiner Umgebung – sei es nun mit dem Motorrad oder auch mit Wanderschuhen. Jegliche Art von Bewegung inmitten dieses Ambientes ist höchst gesund.

Sieben Kilometer purer Genuss erwarten uns ab diesem Wegweiser.

TOUR-INFOS

Strecken-Charakteristik:
Sie ist die noch weitgehend unbekannte Variante, um Österreichs höchstem Gipfel ganz »hautnah« zu kommen. Und das auf einer zügig ansteigenden, gut ausgebauten Sackgasse in des Wortes kühnster Bedeutung. Nicht nur der Berg ist das Ziel, auch das bewirtschaftete Lucknerhaus.

Kombi-Möglichkeiten:
Alle Osttiroler Höhepunkte liegen gut verteilt rund um die Kalser Glocknerstraße sozusagen stets nur einen Katzensprung entfernt. Ideal zu einem mehrtägigen Genuss kombinieren lässt sie sich mit unseren Panoramastraßen Nr. 10, 11, 12 und 14.

Einkehr & Übernachtung:
Das legendäre **Lucknerhaus** ganz am Ende der Kalser Glocknerstraße ist Pflicht und Kür zugleich – garniert mit grandiosem Bergblick, www.lucknerhaus.at. Topmodern und doch irgendwie passend: **Hotel Gasthof Hinteregger** am Hintermarkt 4 in Matrei i. Osttirol, www.hotelhinteregger.at.

Höhenprofil

Höhenmeter bergauf: 1581 m
Höhenmeter bergab: 474 m
Maximale Steigung: 13,8 %
Durchschnittliche Steigung: 10,0 %
Maximales Gefälle: 5,3 %
Durchschnittliches Gefälle: 2,2 %

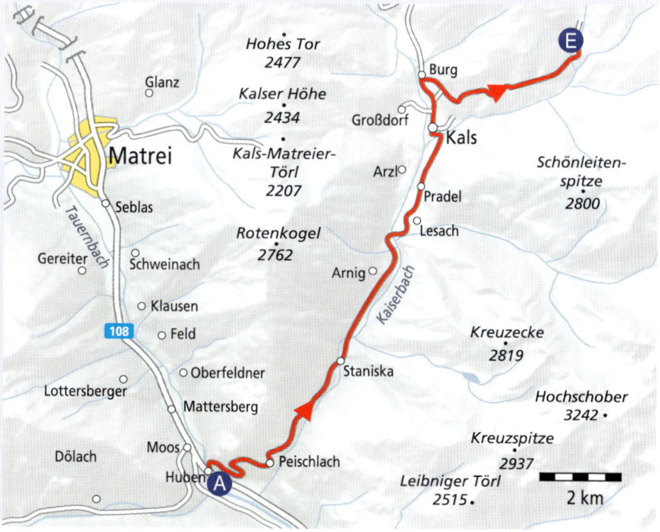

14

Bikers Heaven Großglockner Hochalpenstraße

Sie zählt nicht nur zu den Klassikern, sondern bis heute zu den absoluten Highlights der gesamten Alpenregion.

Die Großglockner Hochalpenstraße gilt bis heute als ein Highlight aller Motorradstrecken Österreichs. Und es gehört zweifelsohne zum Pflichtprogramm eines jeden Bikerlebens, mindestens einmal genussvoll die Großglockner Hochalpenstraße erobert zu haben. Ich persönlich schreibe die Großglockner Hochalpenstraße übrigens alle zwei Jahre auf meinen Saison-Wunschzettel.

TOUR-TELEGRAMM

Land: Österreich

Region: Osttirol und Kärnten

Höchster Punkt: 2571 m

Basisort: Zell am See und Lienz

Anzahl Kehren ca.: 49

Streckenlänge insgesamt: 112 km

Schwierigkeit: mittel, ein Abschnitt anspruchsvoll

Mautpflicht: ja (2015: 24,50 Euro)

Beste Jahreszeit: Mitte Mai bis Mitte Okt.

Wintersperre: Anfang Nov. bis mindestens Mitte April

Gut kombinierbar mit: Tour 10, 11, 12 und 13

Die Geschichte der Straße

Die Geschichte der Straße ist hoch spannend. Sie folgt auch in ihrem heutigen Verlauf bis zu 2000 Jahre alten Pfaden über das Hochtor. Jenes Hochtor, eine natürliche Alpenquerung war bis weit in das 17. Jahrhundert hinein der nach dem Brenner im Westen und den Radstädter Tauern im Osten wichtigste Alpenübergang der Region. In dessen Blütezeiten wurden beinahe zehn Prozent des gesamten Handelsvolumens der Ostalpen über das Hochtor abgewickelt – unter abenteuerlichen, ja teilweise sogar dramatischen Bedingungen für Mensch und Tier, für Säumer und ihre Esel oder Pferde.

Im Herbst 1924 begannen die Planungen für eine drei Meter breite Panoramastraße, eine Touristikroute mit Ausweichstellen auf Sichtweite und einer Höchststeigung von 12 bis 14 Prozent sowie einer einfachen Schotterdecke. Drei Millionen Schilling – nach heutigem Wert umgerechnet gut 6,5 Millionen Euro – sollte diese im wahrsten Sinne Schmalspurvariante ursprünglich kosten. Doch nicht nur der Zeitplan, auch die Kosten liefen komplett aus dem Ruder. Ganze elf Jahre später am 3. August 1935 wurde die Großglockner Hochalpenstraße endlich feierlich eröffnet. In 26 Baumonaten wurden 870 000 Kubikmeter Erde und Fels bewegt, 115 750 Kubikmeter Mauerwerk geschaffen, 67 Brücken gebaut und ein Notfall-Straßentelefon mit 24 Sprechstellen installiert. 3200 Arbeiter leisteten 1,8 Millionen Arbeitsschichten. Und die Gesamtbaukosten beliefen sich bei der Endabrechnung 1936 auf umgerechnet satte 54 Millionen Euro – wer behauptet, dass drastische Baukostenüberschreitungen eine Erfindung unserer Tage sind?

Die Straße heute

Doch im Nachhinein betrachtet hat es sich wahrlich gelohnt. Rasch begann eine der schönsten Panoramastraßen der Alpen ihren Siegeszug im Tourismus. Einen Siegeszug, der bis weit in unsere Tage – und darüber hinaus – anhalten wird. 1400 Höhenmeter müssen mehrmals in zahlreichen Ups and Downs auf gut 60 Kilometern Länge bewältigt werden. Der höchste Punkt der Straße liegt auf immerhin 2571 Metern an der Edelweißspitze.

Das für uns wohl beste Argument eines Besuches der Hochalpenstraße ist deren explizite Motorradfreundlichkeit. Denn wir stellen heutzutage die zahlenmäßig größte

Bild links: Geschichtenreich: Der Weg zur Edelweißspitze führt über historisches Kopfsteinpflaster.

Bereits die Anfahrt zur Hochalpenstraße ist ein optischer und fahrerischer Leckerbissen.

Mein persönlicher Tipp

Gleichwohl uns die Großglockner Hochalpenstraße einen ganzen Tag in Atem halten kann, eine Mehrtages-Tour mit den umliegenden Höhepunkten macht den Genuss perfekt. Passend dazu gibt es Kombi-Tour-Tickets – speziell für uns Biker. Direkt an der Mautstation.

Bild rechts: Ein kalter Wind kann auch an Sommertagen um die Edelweißspitze pfeifen.

Am Fuscher Törl gedenkt man der Opfer unter den Bauarbeitern der Straße.

Besuchergruppe dar. Dementsprechend »bikerfreundlich« ausgebaut mit Treffpunkten, Info-Terminals, Biker-Unterkünften und sogar Biker-Safes für die Unterbringung von Helm und Ausrüstung präsentiert sich die Großglockner Hochalpenstraße.

Ihren originalen Ausbauzustand kann man heutzutage nur noch am Abzweig zur 2571 Meter hohen Edelweißspitze entdecken. Das Kopfsteinpflaster der engen und anspruchsvollen Kehren stammt noch aus dem Erbauungsjahr 1935. Der Rest der Straße wurde sukzessive modernisiert und vor allem auch den speziellen Bedürfnissen der Motorradfahrer angepasst.

Ein weiterer Höhepunkt ist der Abzweig zur Kaiser-Franz-Josefs-Höhe. Ganz am Ende der Piste öffnet sich der Blick auf die umliegenden Eisriesenwelt. Majestätisch schiebt sich der Großglockner formatfüllend in den stahlblauen Himmel. Das unheilvolle Donnern des Steinschlags, das in alten Zeiten als »Klocken« bezeichnet wurde, gab ihm seinen Namen. Und für gründlich eisgekühlte Großglocknerfüße sorgt die Pasterze, mit zehn Kilometern Länge und fast 20 Quadratkilometern Fläche immerhin der größte Gletscher der Ostalpen.

Erlebenswertes im direkten Umfeld

Kurz vor Erreichen des südlichen Basisortes Winklern liegt rechter Hand das ehemalige

EDELWEISSPITZE
PARKPLATZ
2571 m ü. d. M.
ER
ßHÜTTE

Bereits bei der Anfahrt schiebt sich immer wieder der Großglockner ins Bild.

Bergsteigerdorf Heiligenblut, der legendäre Ausgangspunkt für so manche Glocknerbesteigung. Auf dem Dorffriedhof ruhen viele, die ihren Traum von der Bezwingung des ewigen Eises mit dem Leben bezahlen mussten. Es waren viele. Doch nicht nur auf die Gipfel zog es die Menschen. Die Goldberge, wie die Tauern hier genannt wurden, waren zu Zeiten des Goldrausches das Ziel Tausender Abenteurer, die mit oftmals primitivsten Mitteln lebensgefährliche Stollen in den Fels trieben, das Gestein auf mächtigen Rutschen hinab ins Tal beförderten, wo es mit gewaltigen, von Wasserkraft angetriebenen Holzstempeln zerkleinert wurde. Nur wenige Bergleute sind wirklich reich geworden, viele aber ließen hier oben ihr Leben auf der Suche nach dem Gold. Infos unter www.heiligenblut.at.

Die Basisorte

Bereits in der Bronzezeit gut 2000 Jahre vor unserer Zeitrechnung siedelte rund um Zell am See der Mensch und erfreute sich am wohl damals schon einzigartigen Klima. Im Mittelalter führten wichtige Saumrouten über Zell und das südlich liegende Hochtor nach Italien, die Zeller Bürger waren als fleißige und vor allem zuverlässige Säumer bekannt und beliebt. Sie lieferten Salz – das Weiße Gold der Alpen – in den Süden Europas und kamen mit friaulischem Wein beladen retour. Heutzutage lädt die historische Altstadt von Zell mit schöner Fußgängerzone nicht nur zum Flanieren und Pausieren ein, mit Konzerten, Feuerwerken, Seefesten, Musicalfestivals und Bergfeiern ist der Veranstaltungskalender von Zell am See ganzjährig gut gefüllt und bietet uns pralle Abwechslung gerade auch abseits des Sattels.

Eine ganz andere Geschichte hat dagegen Lienz zu erzählen. Über die Hauptstadt Osttirols habe ich Ihnen in Kapitel 12 bereits berichtet. Und nach einem langen Tag im Mopedsattel darf ich Ihnen aus eigener Erfahrung auch das Lienzer Nachtleben ans Bikerherz legen – Abwechslung total wird Sie begeistern.

Historisches Schild des Nationalparks Hohe Tauern.

TOUR-INFOS

Strecken-Charakteristik:
Sie ist nicht nur der Klassiker aller Alpen-Panoramastraßen, sie ist gleichzeitig in unseren Tagen auch das Maß aller Dinge. Die vorbildlich ausgebaute Panoramastraße begeistert auch erfahrene Biker, und das nicht nur mit ihrem anspruchsvollen Abstecher hinauf zur Edelweißspitze. Der gesamte Verlauf der Straße ist speziell an die Bedürfnisse von Motorradfahrern angepasst – ein Angebot, das Zigtausende von uns alljährlich überzeugt.

Kombi-Möglichkeiten:
Gibt es nach ihr noch eine fahrerische Steigerung? In diesem Buch jawohl, in Osttirol wohl nicht. Dennoch sind die vorgeschlagenen Kombis Nr. 10, 11, 12 und 13 erfahrenswert. Ohne jeden Zweifel.

Einkehr & Übernachtung:
Lecker und abwechslungsreich: das **Café-Restaurant Alm Casino** in der Hadergasse 11 in Heiligenblut.
Zur Übernachtung am Nordeinstieg der Alpenstraße erwartet uns das **Hotel Grüner Baum**, Seegasse 1 in Zell am See, www.gruener-baum.at.
Und am Südfuß erwartet uns das **Hotel Sonne** direkt an der Lienzer Altstadt am Südtiroler Platz 8, www.hotelsonnelienz.at.

Höhenprofil

Höhenmeter bergauf: 4520 m
Höhenmeter bergab: 4613 m
Maximale Steigung: 12,1 %
Durchschnittliche Steigung: 5,2 %
Maximales Gefälle: 14,8 %
Durchschnittliches Gefälle: 5,5 %

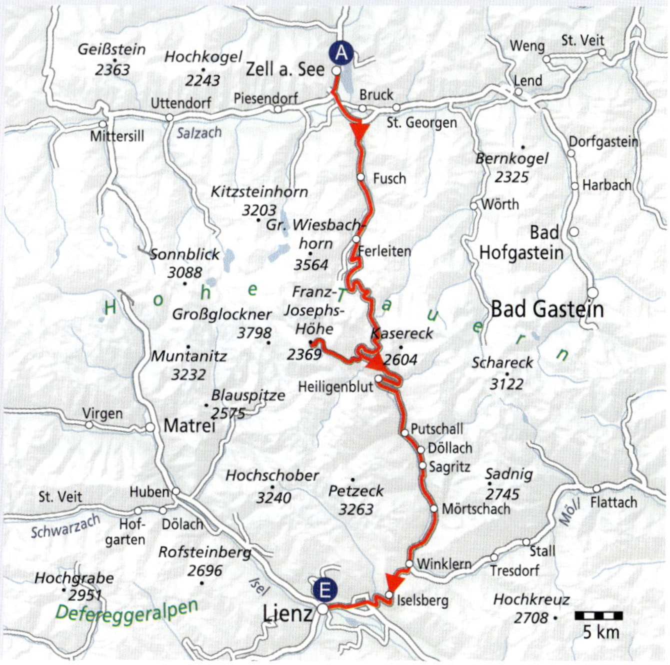

See-the-world.de
zūmo
GARMIN
GORE

Kärnten und Steiermark

Zwei Austria-Perlen, die uns Biker ausdrücklich willkommen heißen

Herrlicher Ausblick auf Gröbming und das Ennstal

15

Eine richtig runde Sache
Malta Hochalmstraße

Für Sonntagsfahrer (im besten Wortsinn) eine sehr gute Wahl!

Das »Tal der Wasserfälle« wird es genannt und seine Panoramastraße führt natürlich auch zu den schönsten Aussichtspunkten auf diese Urgewalten der Natur, auf »Schleier-« und Melnikfall, auf die »Hochbrücke« und von ewigen Wassern tief gegrabene Kolke und Tümpfe.

TOUR-TELEGRAMM

Land: Österreich
Region: Kärnten
Höchster Punkt: 1922 m
Basisort: Gmünd in Kärnten
Anzahl Kehren ca.: 9
Streckenlänge insgesamt: 30 km
Schwierigkeit: Mittel
Mautpflicht: ja (2015: 10,– Euro)
Beste Jahreszeit: Mitte Mai bis Mitte Okt.
Wintersperre: Anfang Nov. bis Anfang Mai
Gut kombinierbar mit: Tour 14 und 19

Die Geschichte der Straße

Sie ist eng verknüpft mit der Entstehung der gewaltigen Kölnbreinsperre, dem größten Schmelzwasserspeicher Österreichs. Bereits in den 1930er-Jahren begannen die Planungen zur Nutzung der immensen Wassermengen, die alljährlich das imposante und tief eingeschnittene Maltatal bergab strömten. Der Zweite Weltkrieg ließ diese Pläne in den Schubladen verschwinden, doch 1950 erinnerte man sich im Zuge der kompletten Neustrukturierung der österreichischen Elektrizitätsversorgung daran. Ab 1957 begann man mit Probebohrungen und zwischen 1971 und 1978 wurden aus 1,6 Millionen Kubikmetern Beton und ungezählten Tonnen Eisenarmierung eine horizontal und vertikal gekrümmte Bogen-Gewölbemauer errichtet, die rechnerisch dem sechsfachen Druck des Wassers bei Vollstau standhalten sollte.

Und gleichwohl die neuartige Bauweise der Sperre erheblich weniger Baumasse erforderte, musste eine auskömmlich breite, nicht zu steile Straße hinauf auf 1900 Meter Höhe gebaut werden – die Basis der heutigen Panoramastraße. 1979 meldete die Sperre erstmals Vollstau, das Wasser drückte nun mit über fünf Millionen Tonnen Druck auf die Mauer, die sich (noch) planungsgemäß um ganze zwölf Zentimeter talauswärts verformte. Doch bereits nach kurzer Zeit signalisierten Messstellen im Beton der Mauern Wassereinbruch und in einem aufwendigen und kostenintensiven Verfahren musste die Sperre bereits wenige Jahre nach Inbetriebnahme saniert und verstärkt werden und konnte erst im Oktober 1993 erneut zum Vollstau geschlossen werden. Seitdem melden alle jetzt 2500 Messstellen der Betonmauer »grünes Licht«.

Mein persönlicher Tipp

Vor allem an einem Sonntagmorgen im Sommer ist die Panoramastraße ein beliebter Tummelplatz aller Kärntner Biker.

Die Straße heute

Auf grünes Licht müssen wir auch bei der Befahrung der herrlich kurven- und tunnelreichen Malta Hochalmstraße warten. Denn eine der Kehren ist derart schmal, dass eine ampelgeregelte Einbahnstrecke eingerichtet werden musste. Direkt bei den imposanten »Malteiner Wasserspielen« beginnt die Erlebnisfahrt. Die kühn angelegte Strecke führt durch sechs historische Naturstein-Tunnels und neun Kehren gut 1200 Höhenmeter hinauf zur mächtigen Kölnbrein-Stau-

Bild links:
Das einzigartige Malta-Hotel am Ende der Hochtalstraße

Eine Sackgasse wie geschaffen für den erkundungsfreudigen Biker

Offroad geht's am Ostufer des Stausees zum Gasthaus Kölnbreinstüberl.

mauer. Dominiert wird die Landschaft hier auf knapp zweitausend Metern nicht nur von dem gewaltigen Stausee, sondern auch vom ungewöhnlichen, weil kreisrunden Turm des hoch aufragenden Berghotels Malta, dessen Restaurant unseren 14 Kilometer langen Aufstieg auf Wunsch gerne mit anerkannten kulinarischen Köstlichkeiten belohnt. Wohl gestärkt geht es anschließend die gleiche Strecke retour ins Tal.

Aber aufgemerkt: Offiziell ist die Mautstraße nur von 7 bis 18 Uhr befahrbar, außerhalb dieser Zeit werden sämtliche Ampeln abgeschaltet und Gegenverkehr wird nicht mehr geregelt.

Erlebenswertes im direkten Umfeld

Elegant spannt sich die gewaltige Kölnbrein-Staumauer zwischen die Flanken von Schwarzhorn und Kölnbreinspitze, zwei beinahe Dreitausendern. Österreichs höchste, doppelt gekrümmte Staumauer hat gewaltige Dimensionen: 200 Meter hoch, 626 Meter lang und zwischen acht und maximal 41 Meter breit ist sie eine Meisterleistung des Ingenieurs- und Kraftwerksbaus. 200 Millionen Kubikmeter aufgestautes Wasser produzieren dabei bis zu 580 000 Kilowattstunden reinste Energie. Diverse Ausstellungen im Malta-Berghotel entführen Technikbegeisterte in die Welt der Wasserkraft-Gewinnung. Und eine 1-stündige Staumauerführung entführt von der Theorie in die überwältigende Praxis mit Technik zum Anfassen. Alle Infos unter www.verbund.com.

Der Basisort

Gmünd in Kärnten ist eine echte Perle der Region. Sowohl in geschichtlicher als auch aus heutiger Sicht. Dabei begrüßt uns die imposante Burg Gmünd bereits von Weiten. Die auch als »Alte Burg« bezeichnete mittelalterliche Burgruine hoch über dem Ort wurde um 1252 erbaut und erstmals 1292 urkundlich erwähnt. Ab 1480 von den Ungarn sieben Jahre lang belagert, fällt die Burg schließlich unter schwerem Geschützfeuer. 1950 kauft die Stadt das Gelände und erweckt die Ruine für Theateraufführungen, Konzerte und Lesungen zu neuem Leben. Der mächtige Turm wird als Aussichtsturm hergerichtet und seit 1992 lädt ein beliebtes Burg-Restaurant hoch droben auf dem Berg zur Einkehr ein. Gerade auch an Sommerwochenenden ein beliebter Bikertreff.

Das »Tal der Wasserfälle« macht seinem Namen alle Ehre.

TOUR-INFOS

Strecken-Charakteristik:
Die zügig bergan steigende Sackgasse erfordert mit ihren schmalen Felstunnels und engen, ansteigenden Kehren ein wenig Erfahrung im Mopedsattel. Für absolute Führerschein-Neulinge ist sie eher ungeeignet oder sollte von ihnen zumindest nicht an Wochenenden erfahren werden. Für »alte Hasen« im Sattel ist sie panoramareiches »easy going«.

Höhenprofil

Höhenmeter bergauf: 1633 m
Höhenmeter bergab: 473 m
Maximale Steigung: 14,9 %
Durchschnittliche Steigung: 4,6 %
Maximales Gefälle: 12,7 %
Durchschnittliches Gefälle: 2,5 %

Kombi-Möglichkeiten:
Das Ideal aller Panoramastraßen – die Großglockner Hochalpenstraße, unsere Nr. 14 – liegt beinahe schon auf Sichtweite im Westen. Und im Osten erwartet uns mit der Nr. 19 die Nockalmstraße zu einem Ganztagesbesuch.

Einkehr & Übernachtung:
Ganz oben am Ende der Panoramastraße – nach einer kleinen Schotter-Passage – empfängt uns das **Gasthaus Kölnbreinstüberl**, www.koelnbreinstueberl.at.
Ein echtes Bikerhotel erwartet uns in Gmünd mit dem **Hotel Platzer**, Untere Vorstadt 26, www.hotel-platzer.at.

16

Genuss zum Schnäppchenpreis Loser Panoramastraße

Unbeschwerten Fahrspaß plus eines der schönsten Bergpanoramen der Steirischen Alpen für eine Handvoll Euro – was will ein Biker mehr?

Die Loser Panoramastraße gehört zu den unbekannten Schätzen Österreichs.

TOUR-TELEGRAMM

Land: Österreich
Region: Steiermark
Höchster Punkt: 1632 m
Basisort: Bad Aussee
Anzahl Kehren ca.: 15
Streckenlänge insgesamt: 16 km
Schwierigkeit: Leicht
Mautpflicht: ja (2015: 5,– Euro)
Beste Jahreszeit: Ende Mai bis Ende Okt.
Wintersperre: Anfang Nov. bis Ende April
Gut kombinierbar mit: Tour 2, 3, 17 und 18

Die Geschichte der Straße

Im Mittelalter war es für Burschen aus dem Ausseer Land Pflicht, auf den höchsten Berggipfel der Gegend – eben jenen heutigen Loser – zu klettern, um dort oben zu »losen«, sprich zu lauschen, zu horchen. Und zwar auf Kampfes- oder Kriegslärm aus den umliegenden Tälern. War dergleichen zu hören, mussten die Burschen Alarm schlagen. So bekam der markante 1837 Meter hohe Felsen im Ausseer Land seinen Namen – Loser – und ist bis heute das Wahrzeichen der Region.

Um die Gipfelregion des Losers für den wachsenden Tourismus erreichbar zu machen, wurde die neun Kilometer lange Loser Panoramastraße erbaut und 1972 feierlich eröffnet. Da deren Unterhalt trotz der Wintersperre recht teuer war und ist, wird seitdem eine Maut erhoben.

Die Straße heute

Von Bad Aussee kommend schwingt der recht schmal werdende Zubringer zunächst einmal durch den malerischen Vorort Altaussee und vorbei am gleichnamigen See Richtung Norden. Immer schmäler wird die Gasse, Ausweichstellen liegen aber stets in Sichtweite.

Die Mautstraße ist sodann wieder auskömmlich breit asphaltiert und steigt in zahlreichen Kurven sowie insgesamt 15 Kehren mit mäßiger Steigung bergan. Die Kehren sind gut ausgebaut, die Mautstation in Form eines Ticketautomaten besitzt eine eigene Spur für Motorräder. Bezahlt wird erst auf dem Rückweg.

Vor allem im oberen Drittel der gesamten Strecke begeistert ein wahrlich einzigartiges Alpenpanorama, das an klaren, sonnigen Tagen von den Tauern über den noch vergletscherten Dachstein bis zum Großvenediger reicht. Einige Kehren besitzen kleine Parkbuchten, in denen wir das Moped gefahrlos abstellen können, um den Ausblick zu genießen und zu fotografieren. Oben am Bergrestaurant »Loser Alm« erwarten uns ein großer Park- sowie diverse Picknickplätze. In wenigen Minuten gut zu Fuß erreichbar liegt der idyllische Augstsee, ein leicht zu unterschätzender Schmelzwassertümpel, der mit zehn Metern Tiefe sogar Taucher anlockt und sich im Sommer auf deutlich über 20 Grad Celsius erwärmt – geradezu ideal, um auch einmal unsere ganztägig in den Stiefeln schmorenden Füße zu verwöhnen.

Mein persönlicher Tipp

Enduristen empfehle ich gleich zu Beginn der Mautstrecke den ausgeschilderten Abstecher zur bewirtschafteten Blaa-Alm. Auf einer geschotterten Naturstraße geht es zu einem wahren Bergidyll in einer fast schon anderen Welt.

Bild links: Ausblick bis in die Ewigkeit: Pausenplatz am Ende der Strecke

Spielerisch leicht bringt uns die Panoramastraße hinauf in alpines Gelände.

Für Statistiker: Alle Kehren sind perfekt ausgeschildert.

Erlebenswertes im direkten Umfeld

Malerisch am Südende des Toten Gebirges liegt der beliebte Grundlsee, ein Badesee mit immerhin Trinkwasserqualität. Seine Wassertemperatur schwankt im Sommer zwischen 19 und 25 Grad Celsius und lädt Alt und Jung zum »Planschen« ein. Beliebt sind auch die Ausflugsschiffe des Grundlsees sowie die Möglichkeit, Elektroboote zu mieten. Kräftige Thermikwinde begeistern Segler und Surfer von Frühling bis Herbst. Infos unter www.grundlsee.at.

Der Basisort

In Bad Aussee steht der geografische Mittelpunkt Österreichs – plakativ markiert durch einen Stein im Kurpark. Doch der beschauliche Ort hat noch viel mehr zu bieten. 2010 war Bad Aussee »Alpenstadt des Jahres«, die reiche Geschichte wird in den Museen der Stadt erlebenswert spannend erzählt und allein der Blick auf die Landkarte zeigt uns schon, in welch herrlicher Umgebung man hier lebt. Mit Grundl- und Altausseer See gleich um die Ecke und garniert von den Felsen des Toten Gebirges zeigt sich die Natur von ihrer prächtigsten Seite. Man möchte gar nicht mehr abreisen – müssen Sie auch nicht bei einem Blick auf unsere Kombi-Vorschläge.

Der Grundlsee - nicht nur im Frühling ein Erlebnis

TOUR-INFOS

Strecken-Charakteristik:
Die mäßig ansteigende, gut ausgebaute Sackgasse führt uns in 15 Kehren hinauf auf ein kleines Plateau mit genialer Aussicht auf die umliegende Alpenwelt und leckeren Einkehrmöglichkeiten. Allein dies rechtfertigt schon die geringe Bikermaut.

Kombi-Möglichkeiten:
Das Salzkammergut erwartet uns im Norden mit den Panoramastraßen Nr. 2 und 3, im Süden liegen die Panoramastraßen Nr. 17 und 18 als Kombimöglichkeiten gleich vor unserem Windshield.

Einkehr & Übernachtung:
Die **Loserhütte** ganz am Ende der Panoramastraße verwöhnt uns gerne mit urig-zünftiger Almkost und herrlichem Ausblick. Zur Ruhe betten können wir uns im **Hotel Erzherzog Johann** – man gönnt sich ja sonst kaum etwas! – am Kurhausplatz 62 in Bad Aussee. Klingt teurer als es ist. www.erzherzogjohann.at

Höhenprofil

Höhenmeter bergauf: 1142 m
Höhenmeter bergab: 166 m
Maximale Steigung: 9,0 %
Durchschnittliche Steigung: 6,9 %
Maximales Gefälle: 6,1 %
Durchschnittliches Gefälle: 3,3 %

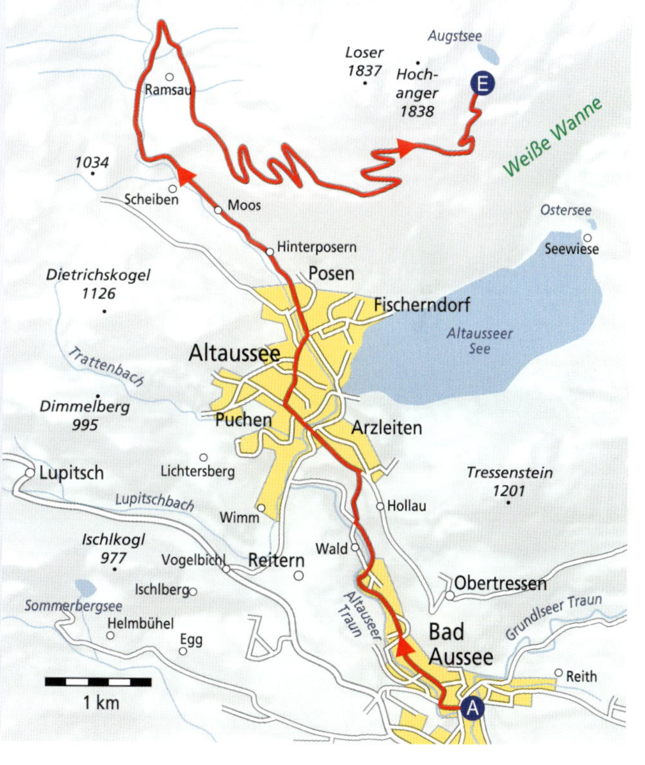

17

Warm ums Bikerherz
Tauplitzalm Alpenstraße

Auf dieser Route erreichen Motorradfahrer ganz bequem das größte Hochplateau Mitteleuropas.

Denn natürlich ist auch das größte, mit sechs traumhaften Seen verzierte, Hochplateau Mitteleuropas über eine Panoramastraße bequem zu erreichen. Nicht nur motorradfahrende Allergiker sind von dieser Tatsache begeistert.

TOUR-TELEGRAMM

Land: Österreich
Region: Steiermark
Höchster Punkt: 1657 m
Basisort: Bad Mitterndorf
Anzahl Kehren ca.: 8
Streckenlänge insgesamt: 13 km
Schwierigkeit: Leicht
Mautpflicht: ja (2015: 5,– Euro)
Beste Jahreszeit: Ende Mai bis Ende Okt.
Wintersperre: Keine
Gut kombinierbar mit: Tour 16 und 18

Die Geschichte der Straße

Der Weiler Tauplitz unterhalb des Hochplateaus soll einstmals eine heiße Naturquelle besessen haben, die ihn zu einem beliebten Siedlungsplatz werden ließ. »Warmer Ort« oder eben »Tauplitz« nannten ihn die Bewohner – zumindest so lange, bis ein gewaltiger Erdrutsch im Mittelalter diese heiße Quelle für immer verschloss. Um 1900 entdeckte der noch in den Kinderschuhen steckende alpine Skizirkus das schneesichere Plateau der Tauplitzalm und nutzte auch Tauplitz als beliebten Standort für den Weißen Sport.

Heute ist der Ort mit seinen bildschönen historischen Bauernhäusern im Sommer ein beliebter Ausgangspunkt für die Besteigung des Tauplitzer Hochplateaus zu Fuß. Für den Aufstieg im Auto oder mit dem Motorrad wurde zwischen 1959 und 1961 eben jene Tauplitzalm Alpenstraße erbaut, um vor allem auch dem Natur- und Wandertourismus die Möglichkeit zu geben, bequem auf das Hochplateau zu kommen.

Auch in diesem Fall wurden respektive werden Bau und Erhalt der gut zehn Kilometer langen Privatstraße durch die Erhebung von Mautgebühren finanziert. Gleichwohl die Mauthöhe der Tauplitzalm schon Gegenstand so manches Gerichtsverfahrens war, hat sich am Grundsatz der Rechtmäßigkeit derartiger Gebühren nichts geändert. Und in Anbetracht des Gegenwertes an gesunder Natur, grandioser Landschaft und anerkannt reiner Luft sind nicht nur motorradfahrende Pollenallergiker sicherlich gerne bereit, fünf Euro Maut für einige Stunden erholsames alpines Vergnügen zu bezahlen.

Mein persönlicher Tipp

Kombinieren Sie die Fahrt auf die Alm mit ein, zwei Übernachtungen dort oben. Es lohnt sich – nicht nur wegen des überwältigenden Sternenzeltes.

Die Straße heute

Der ausgeschilderte Zubringer zur Panoramastraße zweigt am Ostrand von Bad Mitterndorf Richtung Norden ab und windet sich zunächst recht kurvenarm bergan. Aber acht gut ausgebaute Kehren sowie rund 800 Höhenmeter später erreichen wir schon das Ende der Tauplitzalm Alpenstraße mit einem großen Parkplatz sowie unzähligen Möglichkeiten, das mit Wegen und Berg-

Bild links:
Der Aufstieg führt zunächst durch lichte Tann.

Das »grüne Herz Österreichs« hat auch uns Motorradfahrern viel zu bieten.

Wenig unterhalb des Plateaus begeistert bereits der Ausblick.

hütten geschmückte Hochplateau zu Fuß zu erforschen. Und im Alpenverein-Gasthof Hollhaus, der ältesten Schutzhütte dort oben, oder einer der anderen umliegenden bewirtschafteten Hütten können wir uns zudem für die Rückfahrt ausgiebig stärken – wenngleich die Talfahrt uns bestimmt ebenso leicht von der Hand gehen wird wie die Bergfahrt.

Nur das mit der Touristen-Bimmelbahn dort oben, die von einer »Diesellok« gezogen wird, das sollten sich die Verantwortlichen nochmals überlegen. Finde ich zumindest. Aber das ist – zugegeben – ein Klagen auf hohem Niveau.

Erlebenswertes im direkten Umfeld

Südlich von Bad Mitterndorf wartet ein anderes, von Menschenhand »umgebautes« Naturschauspiel darauf, von uns entdeckt zu werden: der Salza-Stausee. Von 1947 bis 1949 errichtete man die Talsperre am Rande einer canyonartigen Schlucht und staute den heute etwa fünf Kilometer langen See auf. Seine immer noch bis zu 500 Meter aufragenden Felswände geben ihm einen sehenswerten fjordartigen Charakter. Ein mautfreier Zubringer führt bis an den Nordteil des Sees. Die auch auf digitalen Karten noch als befahrbar vermerkte »Pass-Stein-Straße« am Seeufer entlang gen Süden ist wegen diverser Felsstürze seit 2003 gesperrt. Infos auch unter www.bad-mitterndorf.at.

Der Basisort

Nicht nur durch die Tauplitzalm Alpenstraße ist Bad Mitterndorf weithin bekannt. Auch die größte Natur-Skisprungschanze der Welt, die legendäre »Kulm« liegt nur einen Steinwurf entfernt. Und die bereits von den Römern fleißig benutzten Thermalquellen mit ihrem bis zu 28 Grad Celsius warmen Thermalwasser verhalfen dem Ort zum durchaus wertvollen Prädikat »Bad«.

Dem Himmel ganz nah: Berghütten auf der Tauplitzalm

TOUR-INFOS

Strecken-Charakteristik:
Auch die Panoramastraße hinauf zur Tauplitzalm zählt zu den leicht ansteigenden, gut ausgebauten Sackgassen mit wenigen Kehren, die wohl keinen Anfänger jemals überfordern. Das Highlight der Strecke ist das Ziel hoch oben auf dem Tauplitzalm-Plateau. Große Parkplätze erlauben, das Bike sicher abzustellen.

Kombi-Möglichkeiten:
Geradezu ideal für ein verlängertes Moped-Wochenende empfehle ich die Kombination mit meinen Panoramastraßen Nr. 16 – Loser und Nr. 18 – Stoderzinken.

Einkehr & Übernachtung:
Das **Naturfreundehaus Tauplitzalm** ist mein Tipp für eine Einkehr in unverwechselbarer Umgebung dort oben.

Höhenprofil

Höhenmeter bergauf: 1060 m
Höhenmeter bergab: 244 m
Maximale Steigung: 9,7 %
Durchschnittliche Steigung: 6,7 %
Maximales Gefälle: 1,0 %
Durchschnittliches Gefälle: 0,6 %

Am Fuß der Panoramastraße erwartet uns dann das **Wander- & Landhotel Kanzler** in Bad Mitterndorf, www.landhotel-kanzler.at.

18

Ein Höhepunkt für lau
Stoderzinken Alpenstraße

Sie ist die schönste Panoramastraße der Steiermark.

Die schönste und höchste Alpen-Panoramastraße der Steiermark gehört natürlich in dieses Buch – zumal sie auch noch mautfrei ist. Nur in puncto Aussicht ist sie rund um ihren Scheitelpunkt etwas zu bewaldet. Dennoch ein Genuss rundherum.

TOUR-TELEGRAMM

Land: Österreich
Region: Steiermark
Höchster Punkt: 1832 m
Basisort: Gröbming
Anzahl Kehren ca.: 10
Streckenlänge insgesamt: 13 km
Schwierigkeit: Leicht
Mautpflicht: Keine
Beste Jahreszeit: Ende Mai bis Mitte Okt.
Wintersperre: Keine, witterungsbedingt zwischen Dez. und April
Gut kombinierbar mit: Tour 2, 3, 16 und 17

Die Geschichte der Straße

Der Stoderzinken (2048 m) ist einer der aussichtsreichsten Gipfel des Dachsteinplateaus. Als reine »Interessentenstraße«, wie es so schön im Österreicher Amtsdeutsch heißt, wurde 1958 die Stoderzinken Alpenstraße erbaut. Die Bewohner und Anlieger der hoch droben liegenden Berg- und Wochenendsiedlung »Stoder« hatten sich damals zu einer Weggenossenschaft zusammengetan und die Straße finanziert. Vier Jahre später wurde sie fertiggestellt und erfreut seitdem nicht nur die Bewohner der herrlich liegenden Hütten und Bauernhäuser dort oben rund um den Stoderzinken.

Und gleichwohl sie auf den letzten zwölf Kilometern eine reine Privatstraße ist, müssen Besucher bis heute keine Maut bezahlen. Allein dafür schon einmal ein herzliches Dankeschön.

Die Straße heute

Im Westteil des Ortes Gröbming direkt unterhalb des Dachstein-Massivs beginnt der Anstieg zum Stoderzinken. Auf recht schmaler Dorfstraße geht es aus dem Ort hinaus zu einem plakativen Wegweiser, der das kommende Vergnügen anpreist: zwölf Kilometer Länge, neun Prozent Steigung, Bergpanorama, Sonnenterrassen und Berggasthof – und all das auch noch vollkommen mautfrei. Auch Anfänger können hier bedenkenlos Gas geben, die vor uns liegende Panoramastraße mit ihren zehn Kehren ist kein Terrain, das uns Biker überfordert. Ganz im Gegenteil: Genuss ist das Motto der Straße.

Gut 1000 Höhenmeter gilt es insgesamt zu erklimmen, meistens führt die Strecke durch dichten Tannenwald, der ab und an aber den Blick freigibt auf die umliegenden Alpengipfel.

Mein persönlicher Tipp

Diese Panoramastraße nehme ich immer gerne »mit«, wenn ich in der Gegend bin. Inzwischen an die sieben Mal schon. Sie macht Spaß, trainiert das sichere Gefühl für unser Motorrad und kostet keinen Cent – okay, außer ein wenig Edelsprit.

Am Ende der Straße liegen mehrere große Parkplätze, die Zufahrt zur Bergsiedlung Stoder ist nur Anwohnern und deren Gästen erlaubt.

Erlebenswertes im direkten Umfeld

Auch die Steiermark wirbt aktiv um uns Motorradfahrer als stets willkommene Gäste und lässt sich dazu so manches Event einfallen. Zum Beispiel das Bikerfestival »Rock

Bild links: Kaum zu glauben, aber diese traumhafte Piste kostet keinen Cent an Maut.

Kurz unterhalb der Bergsiedlung erwarten uns große Naturparkplätze.

Ein Versprechen, dass man auch in der Steiermark sehr ernst nimmt.

the Roof – Bebt der Berg« alljährlich im Juni in Schladming am Dachstein. Eine 5-tägige Party powered by Harley-Davidson mit Musik, Probefahrten, Verkaufsaustellung, geführten Touren, Livemusik und Abschluss-Parade. Volles Programm also rund um das legendärste Motorrad der Welt. Alle Termine und Details unter www.rocktheroof.at.

Der Basisort

Als Teil des UNESCO-Welterbes »Hallstatt – Dachstein – Salzkammergut« hat auch Gröbming eine lange Geschichte zu erzählen. Slawen und Bajuwaren sollen die Ersten gewesen sein, die hier auf einem natürlichen Plateau über der Enns siedelten. Um 1848 erhielt der Ort die begehrten Marktrechte, im Zweiten Weltkrieg war Gröbming letzte Zuflucht für Tausende von Vertriebenen. Heute besitzt der Ort nicht nur eine perfekte touristische Infrastruktur. Mit berühmten Events, wie der Ennstal-Classic, einer der bekanntesten Oldtimer-Rallyes Österreichs, oder der Zipline Gleitfluganlage gibt es zudem ein gut gefülltes Veranstaltungsprogramm abseits des Mopedsattels.

Gut ausgeschildert und leicht zu erfahren erwartet uns der Stoderzinken.

TOUR-INFOS

Strecken-Charakteristik:

Mautfrei, gemächlich ansteigend und gut ausgebaut – eigentlich müssten Steirer Motorrad-Fahrschulen diese Piste fest in ihrem Trainingsprogramm haben. Denn sie ist ein unbeschwerter Genuss mit einem interessanten Ende hoch droben am Stoderzinken.

Kombi-Möglichkeiten:

Die Kurvenvergnügen des Salzkammergutes – unsere Panoramastraßen Nr. 2 und 3 – sowie die der Steiermark – Nr. 16 und 17 – liegen allesamt zum Greifen nahe und können eine ganze Urlaubswoche randvoll mit Schräglagen füllen.

Einkehr & Übernachtung:

Mein Einkehrtipp: die **Rosemi-Alm**, der urige Einkehrschwung auf dem Stoderzinken mit herrlicher Sonnenterrasse.
Und am Abend: das **Landhotel Häuserl im Wald** am Rande von Gröbming in Mitterberg, www.haeuserlimwald.at
Etwas teurer, dafür ein Ritterschloss: **Hotel Schloss Thannegg** im Schlossweg 1, www.schloss-thannegg.at

Höhenprofil

Höhenmeter bergauf: 1366 m
Höhenmeter bergab: 299 m
Maximale Steigung: 10,6 %
Durchschnittliche Steigung: 8,1 %
Maximales Gefälle: 1,4 %
Durchschnittliches Gefälle: 0,4 %

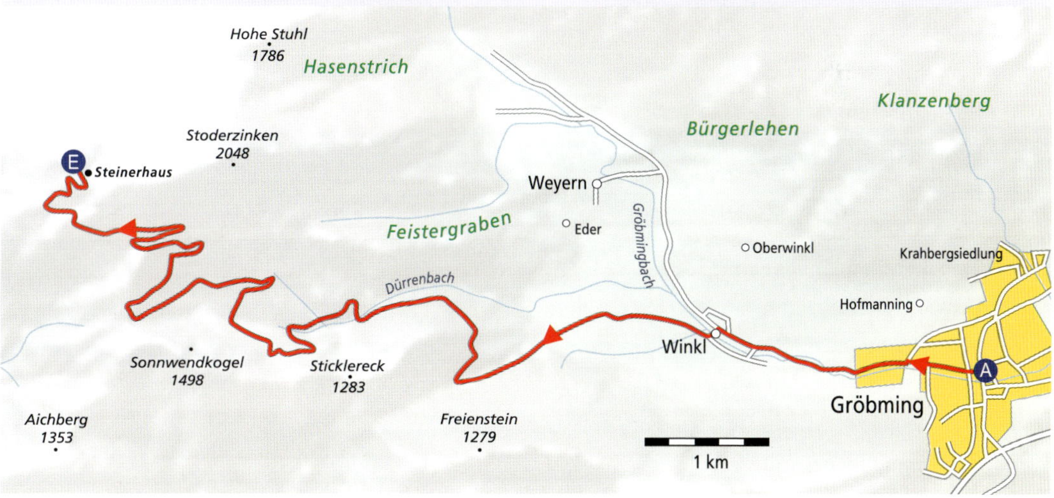

19

Von Bikern für Biker
Nockalmstraße

Ruhig einen ganzen Tag einplanen: Hier schwingt man von Bikertreff zu Bikertreff!

Eingebettet in die herrliche Natur des »Nationalparks Nockberge« führt diese Panoramastraße den Motorradfahrer von gut 1000 auf über 2000 Höhenmeter durch eine Unberührtheit, wie sie heutzutage selten ist. Nur ein paar hübsche Einkehrmöglichkeiten in oftmals grandioser Aussichtslage versuchen uns, vom »rechten Weg« zu locken. Mein Tipp: Lassen Sie es zu.

TOUR-TELEGRAMM

Land: Österreich
Region: Kärnten
Höchster Punkt: 2054 m
Basisort: Sankt Margarethen im Lungau und Reichenau
Anzahl Kehren ca.: 46
Streckenlänge insgesamt: 58 km
Schwierigkeit: Leicht
Mautpflicht: ja (2015: 10,– Euro)
Beste Jahreszeit: Mitte Mai bis Ende Okt.
Wintersperre: Anfang Nov. bis Ende April
Gut kombinierbar mit: Tour 15, 20, 21, 22, 23

Die Geschichte der Straße

Bereits um 1950 war die Idee einer Höhenstraße durch diese menschenleere Gegend geboren, doch Geldmangel und anderweitige Interessen ließen die Pläne zunächst in der Schublade Kärntner Politiker versauern.

Auf Basis einer 1971 von der Kärntner Landesregierung in Auftrag gegebenen Studie über die Kosten und den Nutzen einer derartigen Panoramastraße wurde der Bau der Nockalmstraße schließlich doch noch beschlossen. Sie sollte einerseits die im Bau befindliche Tauernautobahn an das Liesertal rund um Gmünd anschließen, andererseits die direkte Verbindung des Naturparadieses der Nockberge mit dem

Kernland Kärntens verbessern. Natürlich letztendlich auch, um den deutlich zunehmenden Tourismus in das Gebiet der Nock'n zu locken. Und die recht intensive Forstwirtschaft konnte durch die Straße erstmals auch schwere Fahrzeuge zum Abtransport des Holzes einsetzen. Also eine »Win-win-Situation«, wie wir heute auf Neudeutsch sagen würden.

100 Millionen Schilling – umgerechnet gute siebe Millionen Euro – sollte der Bau der Straße kosten und trotz klimatisch gut beherrschbarer Umstände mehrere Jahre dauern. Kurzzeitig gab es zudem Pläne für die Neuanlage eines riesigen Skigebietes in den Nock'n, doch die gut organisierten Proteste einiger Bürgerinitiativen erzwangen dazu eine Volksbefragung, die das Projekt »Skigebiet Nockalm« mehrheitlich ablehnte. Stattdessen wurde beschlossen, die gesamte und in weiten Teilen einzigartige Landschaft beiderseits der Nockalmstraße zur Kernzone eines 216 Quadratkilometer großen Nationalparks zu erklären: 1987 schlug die Geburtsstunde des Nationalparks Nockberge. Statt Ski-Kanonen streng reglementierter Naturschutz – das muss man sich einmal auf der Zunge zergehen lassen. Helm ab, sage ich da nur.

Ja sogar die Streckenführung der Nockalmstraße selbst wurde auf sehr schonende Art und Weise durch die Nockberge geplant, 1981 war feierliche Einweihung und Freigabe für den Tourismus.

Die Straße heute

Es gibt wohl im gesamten Alpenraum nicht viele Straßen, die auf satten 35 Kilometern

Bild links: Der Mopedtreff in den Nockbergen: die Passhöhe der Nockalmstraße

»Nock'n« nennen die Kärntner ihre Hügel ringsumher.

REICHENAUER
GEBIRGSFORELLEN
0664 3965548
Achtung Kinder
Raiffeisen. Meine Bank
70
Verkauf
Jeden
Samstag
Ab 9⁰⁰
Ganz
Filet
AUF BESTELLUNG
Ab 11⁰⁰
Räucherforellen
VARADERO

Länge keine einzige menschliche Siedlung streifen oder queren. Bei der Nockalmstraße ist das aber tatsächlich der Fall: Zwischen den beiden Mautstellen – im Süden kurz nach der Ortschaft Ebene Reichenau, im Norden direkt am Ortsrand von Innerkrems – gibt es nichts außer Kurven, Kurven und nochmals Kurven. Überall an zentralen Aussichtspunkten entlang der Strecke werden Biker durch eigens reservierte Parkplätze sowie Infoterminals zum Pausieren und Verweilen eingeladen, hier gibt es auch kostenlose Adressverzeichnisse über motorradfreundliche Gasthöfe und Hotels der Gegend. Dazwischen führt die Straße in kurvigem Auf und Ab zwischen zahllosen Nock'n hindurch und erreicht mit der »Eisentalhöhe« auf immerhin 2042 Metern dann ihren höchsten Punkt. Auch hier gibt es urige Einkehrmöglichkeiten mit echter Kärntner Kost sowie einem »Bikers Point« als Treff und Informationsstelle.

Mein persönlicher Tipp

Auch für die Nockalmstraße sollten Sie sich einen ganzen Tag reservieren, denn im Grunde pendeln Sie von Bikertreff zu Bikertreff. Und das inmitten einer wahrlich grandiosen Umgebung. Und denken Sie an die Kombitickets z. B. mit dem Großglockner.

Apropos Naturschutz: Von Anbeginn an gilt auf der Nockalmstraße zwischen 18 Uhr abends und acht Uhr anderntags ein Fahrverbot für alle Kraftfahrzeuge, das auch wir unbedingt beachten sollten. Nicht nur die Natur wird es uns danken.

Bild links:
Echt sehenswert: das Zentrum von Ebene Reichenau.

Erlebenswertes im direkten Umfeld

Der Millstätter See am Südfuß der Nockberge zählt zu den sonnenverwöhntesten Seen Österreichs. Seine aussichtsreiche Uferstraße führt durch bildhübsche Orte, wie Seebo-

Ein herzliches Dankeschön an die – motorradfahrenden? – Planer dieser Straße

An der Eisentalhöhe wird der Boxenstopp zum Pflichttermin.

den, Millstatt oder auch Dellach, in denen uns unzählige Cafés, Restaurants und Einkehrmöglichkeiten einladen, uns mit leckerer Kärntner Kost samt einzigartigem Seeblick für die Weiterreise zu stärken. Zum Beispiel auch für die Sackgasse der mautpflichtigen Goldeck-Panoramastraße im Süden des Sees. 15 Kilometer lang und maximal zehn Prozent steil führt sie uns hinauf auf 1900 Höhenmeter mit erinnerungswürdigen Ausblicken. Infos unter www.nockalmstrasse.at.

Und falls Rücken und Gelenke nach einem ganzen Tag im Sattel mächtig schmerzen, empfiehlt sich eine Einkehr im 1693 Meter hoch gelegenen Karlbad mit seinem historischen Kurbetrieb wie anno dazumal. Das heilkräftige Karstwasser wird mit Hilfe glühender Steine auf etwa 40 Grad Celsius erwärmt und dann in hölzerne Wannen gefüllt; die Gäste legen sich hinein und die Wannen werden zur besseren Isolation mit Holzbrettern abgedeckt. Nur Bikers Kopf schaut noch heraus und nimmt im Laufe des Bades oftmals eine gesunde Röte an.

Die Basisorte

Der wunderschöne kleine Ort St. Margarethen liegt am Rande des Murtales, abseits der Hauptverkehrsrouten eingebettet zwischen Aineck und Grainwald. Hier lassen sich die Traditionen und Lebensarten des Lungaus, einem der fünf Gaue des Salzburger Landes erkunden. Ausflüge in die umliegende Bergwelt sind ebenso genüsslich wie die bekannte Gastfreundschaft der

Menschen. In gemütlichen Gasthöfen, Pensionen, Cafés oder beim Urlaub auf dem Bauernhof ist jeder Gast immer herzlich willkommen – ganz besonders und explizit auch Biker.

Seit dem 14. Jahrhundert besaßen die Reichenauer das Recht, ein gewisses Quantum Salz, das aus Hallein stammte, zollfrei ins eigene Tal zu schaffen. Als Entgelt dafür mussten sie den Übergang über die Turracher Höhe Sommers wie Winters offen halten. Doch das so ins Tal gelangte Quantum Salz reichte den Bewohnern vorne und hinten nicht. Deshalb verlegten sie sich zusätzlich auf das Schmuggeln. Und brachten es hierbei immerhin zu überregionaler Berühmtheit, zählten die Reichenauer Schmuggler doch zu den intelligentesten ihrer Zunft. Über streng geheime Pfade schlichen sie vor allem nächtens durch die Nockberge hinein ins Salzburgische, um das wertvolle »Lungauer Salz« zu »organisieren«. So geschickt waren sie dabei, dass sie trotz vieler Versuche, ihnen das Handwerk zu legen, ihr »Salzprivileg« bis zum Ende des 18. Jahrhunderts aufrechterhalten konnten und damit dem gesamten Tal einen bescheidenen Wohlstand sicherten.

TOUR-INFOS

Strecken-Charakteristik:
Sie ist das Motorrad-Highlight Kärntens in Form einer gut ausgebauten, abschnittsweise durchaus alpinen Bergstrecke, deren Verlauf wohl von Bikern für Biker einstmals geplant und realisiert wurde. Gönnen Sie sich unbedingt einen ganzen Tag in den Nockbergen.

Kombi-Möglichkeiten:
Dies umso mehr, als die Zahl der Kombinationen hier so hoch ist, wie selten in diesem Buch. Die Panoramastraßen Nr. 15 sowie 20, 21, 22 und 23 liegen allesamt in Reichweite verteilt.

Einkehr & Übernachtung:
Und im **Alpengasthof Glockenhütte** direkt an der Nockalmstraße (www.glockenhuette.com) heißt es, den Seitenständer für einen Einkehrschwung auszuklappen.

Höhenprofil

Höhenmeter bergauf: 2280 m
Höhenmeter bergab: 2282 m
Maximale Steigung: 11,0 %
Durchschnittliche Steigung: 5,5 %
Maximales Gefälle: 13,2 %
Durchschnittliches Gefälle: 4,8 %

Am Nordende der Straße erwartet uns der **Landgasthof Löckerwirt** in Sankt Margarethen (www.loeckerwirt.at), am Südende alternativ das **Hotel Kärntnerhof** im Maibrunnenweg 15 in Bad Kleinkirchheim.

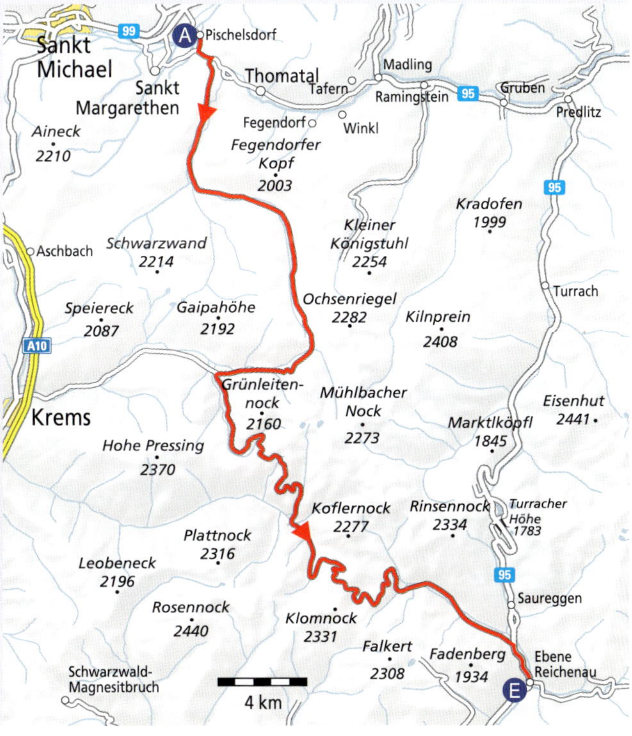

20

Ganz schön einsam Hochrindl Almenstraße

Hier geht man auf wohltuende Distanz zum Massentourismus. Genussbiker finden hier ihr kleines Eldorado.

Kristallklare Luft, blitzblauer Himmel, duftende Almkräuter, rauschende Bäche und bezaubernde Ausblicke im Farbenspiel der Jahreszeiten – rund um den Hochrindl betreten wir echtes Kärntner Almenland.

TOUR-TELEGRAMM

Land: Österreich
Region: Kärnten
Höchster Punkt: 1597 m
Basisort: Feldkirchen in Kärnten und Weitensfeld im Gurktal
Anzahl Kehren ca.: 12
Streckenlänge insgesamt: 43 km
Schwierigkeit: Leicht
Mautpflicht: Keine
Beste Jahreszeit: Ende Mai bis Ende Okt.
Wintersperre: Keine
Gut kombinierbar mit: Tour 19, 21 und 22

Die Geschichte der Straße

Auf eben jenen Hochrindl, einem höchst aussichtsreichen Almengebiet bringen die Bauern bereits seit Jahrhunderten ihre Tiere auf die Sommerweiden. Und das nicht ohne Grund. Dort oben ist das Gras deutlich saftiger, die Flora deutlich vielfältiger, als in so manch anderer Region der Nockberge. Doch ganzjährig wohnen wollte dort oben auf gerade einmal 1560 Metern in all den Jahrhunderten kaum einer.

Das änderte sich erst Mitte des 20. Jahrhunderts, als Naturfreunde und in der Folge auch der Bergtourismus den Hochrindl für sich entdeckten. Seine einzigartige Natur und Landschaft sowie die deutliche Distanz zum Massentourismus, wie er andernorts zu finden ist, begeisterte die Menschen. Sie kamen in der Folge Sommers wie Winters auf das Hochplateau und schufen die Notwendigkeit, zumindest die ein oder andere Straße hinauf und über das Plateau führen zu lassen.

Die Straße heute

Doch auch heute, gute 60 Jahre später, nachdem das gesamte weitläufige Gebiet mit einer Fahrstraße gut erschlossen wurde, steppt hier nicht der berühmte »Bär«, ja brummt nicht einmal sonderlich laut das Leben. Vor allem ruhesuchende Naturfreunde und der Genussbiker finden hier ein kleines Eldorado, das vielleicht sogar einzigartig in Kärnten, ja ganz Österreich ist. Die sanft geschwungenen Gipfel der umliegenden Kärntner Nockberge bilden das Panorama für gemütliche Einkehrschwünge in den Berggasthöfen am Hochrindl, der übrigens sogar schon von Greenpeace mit dem Klimaschutzpreis ausgezeichnet wurde.

Die Straße selbst ist in ordentlichem Zustand, die Kehren besitzen mäßige Steigungsprofile und sind gut einsehbar, so dass einer flotten Kurvenhatz hinauf auf den Hochrindl eigentlich nichts mehr im Wege stehen sollte.

Mein persönlicher Tipp

Vor allem nach einem kurvenreichen Tag in den Nockbergen den abschließenden Abstecher hinauf auf den Hochrindl legen und den Tag im Sattel dort oben ausklingen lassen – das hat etwas, das bleibt in Erinnerung.

Erlebenswertes im direkten Umfeld

Mal Hand aufs Herz: Kennen Sie sich gut aus mit der Almwelt, mit Fauna und Flora und dem Leben als Almbauer? Wenn ja, sollte die »Hiasl Almmatura« kein Problem für Sie sein – trauen Sie sich! Wenn Ihr Wissen allerdings lückenhaft ist, empfehle ich Ihnen ebenfalls die »Hiasl Almmatura« inklusive »Vorbereitungskurs« in Form einer ausgie-

Bild links: Ausblicke die begeistern bietet der Hochrindl zuhauf.

Für den Entdecker: Nebenstrecken rund um den Hochrindl bieten Genuss pur.

So gesund ist es hier oben, dass Bikers Krankenkasse dies als Kur bezahlen sollte.

bigen geführten Wanderung rund um die Hiasl-Alm oben am Hochrindl. Und nach der unterhaltsamen und gleichzeitig lehrreichen Wanderung geht's zur Prüfung in Theorie und Praxis, die anschließend mit Speis' und Trank – natürlich biologisch wertvoll – sowie der offiziellen Verleihung des »Hiasl Almmatura-Zeugnisses« gefeiert wird. Ja es soll schon Schüler gegeben haben, die voller Absicht die Prüfung versemmelt haben, nur um sie anschließend oder Jahre danach inklusive Vorbereitungskurs erneut zu erleben. Alle Infos unter www.biohiasl.at.

Die Basisorte

Feldkirchen in Kärnten zählt rund 14 000 Einwohner und ist Kärntens fünftgrößte Stadt. Ihre Wurzeln reichen beinahe 1000 Jahre zurück, das weitläufige Stadtgebiet besitzt neben einer hübschen Fußgängerzone einige Sehenswürdigkeiten, wie z. B. den schlossartigen Komplex des Bamberger Amtshofs aus dem 13. und 14. Jahrhundert oder Burg Dietrichstein auf einem bewaldeten Hügel östlich der Stadt.

Auch die Wurzeln von Weitensfeld im Gurktal reichen bis zu den Römern zurück, die das gesamte Tal rodeten und eine Transportstraße nach Salzburg anlegten. Später siedelten sich Bajuwaren hier an und schon 1203 erhielt der Ort die begehrten Marktrechte. Auch die Türken konnten den Ort nicht von der Landkarte tilgen und heute präsentiert sich dem Besucher ein lebendiges Städtchen mit wehrhafter Geschichte und einem proppenvollen Veranstaltungskalender, der sogar Karl-May-Festspiele beinhaltete.

Einsamkeit neu definiert: der Aufstieg zum Hochrindl

TOUR-INFOS

Strecken-Charakteristik:
Wie prächtig sich kurvenreiche Bergstrecken harmonisch in die Landschaft einfügen können, das ist auf der gut ausgebauten Panoramastraße zu genießen. Eine schräglagenreiche Bergstrecke, die niemanden überfordert, entführt uns in echtes Kärntner Almenland. Ideal geradezu in Kombination mit der Nockalmstraße. Und wer länger bleiben möchte, sollte einmal das Angebot an mietbaren Almhütten prüfen – unter www.hochrindl.at gibt es alle Infos.

Kombi-Möglichkeiten:
Sowohl das Tourengelände rund um die Nockalmstraße (Nr. 19) als auch die Gerlitzen (Nr. 21) und Villacher Alpenstraße (Nr. 22) liegen im Grunde gleich »umme Ecke« und lassen sich herrlich erlebenswert kombinieren.

Einkehr & Übernachtung:
Mein Einkehrtipp am Hochrindl lautet: **Gasthof zur Bauernstubn** im Steingartenweg 1, www.bauernstubn.at
Und in Feldkirchen erwartet uns am Abend das **Landidyll-Hotel Nudelbacher** im Ortsteil Bösenlacken, www.nudelbacher.at.

Höhenprofil

Höhenmeter bergauf: 1578 m
Höhenmeter bergab: 1418 m
Maximale Steigung: 13,6 %
Durchschnittliche Steigung: 5,9 %
Maximales Gefälle: 14,4 %
Durchschnittliches Gefälle: 4,7 %

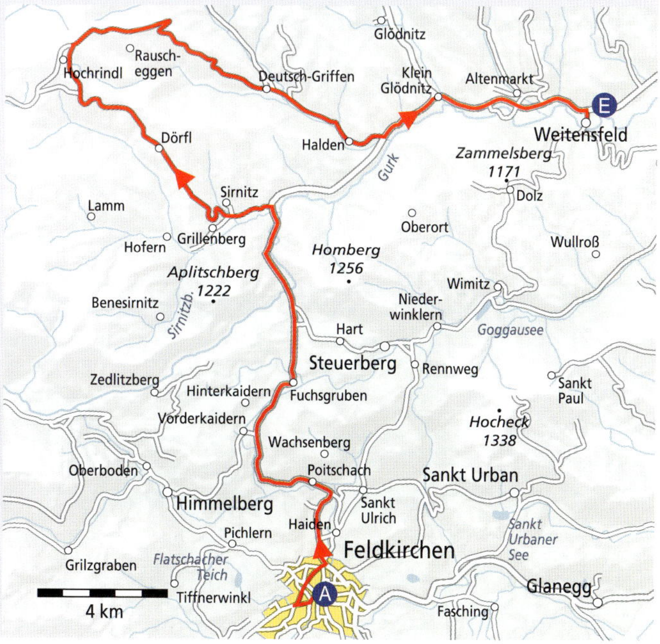

21

Kurz, knackig, einzigartig
Gerlitzen Alpenstraße

Diese Straße bietet kurzes, aber großartiges Fahrvergnügen!

Die Gerlitzen ist ein echter Geheimtipp unter Gleitschirmfliegern und ihre panoramareiche Piste hinauf auf den Berg ein viel zu kurzes, dennoch tolles, ja einzigartiges Fahrvergnügen.

TOUR-TELEGRAMM

Land: Österreich
Region: Kärnten
Höchster Punkt: 1765 m
Basisort: Steindorf-Bodensdorf (oder Afritz OT Arriach)
Anzahl Kehren ca.: 14
Streckenlänge insgesamt: 13 km
Schwierigkeit: Überwiegend leicht
Mautpflicht: ja (2015: 8,– Euro)
Beste Jahreszeit: Mitte Mai bis Ende Okt.
Wintersperre: Keine
Gut kombinierbar mit: Tour 19, 29, 22 und 23

Die Geschichte der Straße

Die Gerlitzen ist einer der Kärntner Nockberge mit grandioser Rundumsicht und allein aus diesem Grunde beliebt seit »grauer Vorzeit«. Der slawische Wortstamm geht auf das Wort »brennen« zurück und deutet auf zahlreiche Waldbrände hin, welche die Kuppe der Gerlitzen entwaldeten. Zudem wurden am Vorabend großer regionaler Zusammenkünfte auf der Gerlitzen große, weithin leuchtende Signalfeuer entfacht. 1928 wurde Kärntens älteste Bergbahn, die Gerlitzen Kanzelbahn von Annaheim auf die Kanzelhöhe nahe des Gerlitzen-Hauptgipfels gebaut. Wenig später dann die Basis für die heute zweispurige Gerlitzen Alpenstraße von Bodensdorf kommend.

Die Straße heute

Heute ist die Gerlitzen Alpenstraße der wohl wichtigste Zubringer zu einer ganzen Reihe von Hotelanlagen und Gasthöfen oben auf der Gerlitzen. Im Sommer herrscht vor allem an Flugwochenenden ebenfalls reger Verkehr der Gleitschirmflieger-Sammelbusse. Charakteristisch für die gesamte Strecke ist der zu überwindende vergleichsweise große Höhenunterschied von fast 1300 Metern auf gerade einmal elf Kilometern Länge. Das führt zu Steigungen von bis zu 13 Prozent, die durchsetzt sind mit insgesamt 14 Kehren.

Die Maut wird über eine Automatenstation ähnlich einem Parkhaus kassiert, die sich im unteren Drittel der Strecke befindet. Bei Bergfahrt ist ein Ticket zu ziehen und bei Talfahrt zu bezahlen. Auf dem Scheitelpunkt der Alpenstraße liegen Berghütten und -gasthöfe in einer weiten Hochalm-Landschaft, die sich nicht nur für eine Einkehr, sondern bei Bedarf auch zur Übernachtung in einzigartiger Umgebung weit über dem quirligen Geschehen unten an den Kärntner Seen empfehlen. Nicht nur ein Sundowner auf der Gerlitzenalpe hat etwas, auch der Sonnenaufgang am Morgen ist wunderschön.

Eine ebenfalls mautpflichtige Alternative führt vom westlich gelegenen Afritz am See, Ortsteil Arriach auf das Gerlitzen-Plateau und endet wie die offizielle Alpenstraße gut 100 Höhenmeter unterhalb des eigentlichen Gipfels inmitten von Hotels und

Mein persönlicher Tipp

Der Ausflugs- und Gleitschirm-Taxiverkehr an Wochenenden kann erheblich sein, genießen Sie die Gerlitzen im Sommer lieber unter der Woche.

Bild links: Kurz nach der Baumgrenze beginnt die Panoramastrecke.

So waldreich wie das Umland war der Gerlitzen nur im frühen Mittelalter.

Die Gerlitzen Alpenstraße beginnt gemütlich, hat aber auch knackige Passagen.

Gasthöfen. Eine Fahrverbindung zwischen beiden Panoramastraßen existiert nicht. Wer im Mopedsattel bis ganz auf den Gipfel »klettern« möchte, kann die dritte Mautstraßen-Variante wählen, die – winzig ausgeschildert – ebenfalls im Arriacher Tal beginnt und zunächst zum Bergbauernhof Bader geleitet wird. Die im oberen Teil nur geschotterte Straße ist knapp zweispurig und verlangt Offroaderfahrung. Dafür führt sie noch ein Stück näher an den Gerlitzen-Gipfel.

Erlebenswertes im direkten Umfeld

Der Ossiacher See ist einer der südlichsten Seen Österreichs und der drittgrößte See Kärntens. Er ist maximal 50 Meter tief und ca. zehn Quadratkilometer groß. Idyllisch eingebettet zwischen den bewaldeten Steilabfällen der Gerlitzen im Norden und den westlichen Ausläufern der Ossiacher Tauern im Süden ist der See selbst zur Sommerzeit kaum jemals touristisch überlaufen. Weite Teile der bewusst naturbelassenen Seen- und Uferbereiche stehen unter Naturschutz. Alle Fakten unter www.ossiachersee.info.

Die Basisorte

Die Geschichte von Steindorf samt Ortsteil Bodensdorf geht zurück bis auf die Kelten 500 Jahre vor unserer Zeitrechnung. Auch sie siedelten bereits gerne rund um den Ossiacher See. 1263 tauchte der Name »Steyndorf« erstmals urkundlich auf, heute pflegen die Steindorfer ihre Geschichte mit zahlreichen historischen und modernen Sehenswürdigkeiten im gesamten Gemeindegebiet.

Direkt am gleichnamigen See im Herzen der Nockberge liegt der zweite Aufstieg zur Gerlitzenalpe: die Gemeinde Afritz am See. Seit dem Hochmittelalter besiedelt, räkelt sich der gemütliche Ort heutzutage umgeben von hoch aufragenden Berghängen und schmückt sich mit so manch historischem Gebäude, einem Kalvarienberg und gut erhaltenen Renaissancebauten. Ebenfalls sehr sehenswert.

Natürliche Quellen sorgen für ein grünes Almenland.

TOUR-INFOS

Strecken-Charakteristik:
Die alles in allem leicht zu fahrende Panoramastraße ist eine zügig ansteigende Sackgasse, auf der allerdings auch einige teils enge Kehren den Blutdruck treiben können. Im Frühjahr gibt es zudem stellenweise viel Rollsplitt. Der Mautautomat erwartet uns im unteren Drittel.

Kombi-Möglichkeiten:
Sehr schön kombinierbar ist der Gerlitzen mit Panoramastraße Nr. 19 – den Nockbergen sowie den Nr. 20 bis 23 – fahrerisch genug, um vier bis fünf Tourentage randvoll zu füllen.

Einkehr & Übernachtung:
Der fast schon kultige **Urbani Wirt** in Bodensdorf direkt am Ossiacher See lohnt zu jeder Jahreszeit einen Einkehrschwung. Lecker und erlebenswert.
Und Übernachtungen in einzigartiger Umgebung bietet uns zum Beispiel das **Mountain Ressort Feuerberg** hoch auf der Gerlitzenalpe, Gerlitzenstrasse 87, www.hotel-feuerberg.at.

Höhenprofil

Höhenmeter bergauf: 1407 m
Höhenmeter bergab: 151 m
Maximale Steigung: 14,0 %
Durchschnittliche Steigung: 9,7 %
Maximales Gefälle: 2,0 %
Durchschnittliches Gefälle: 1,9 %

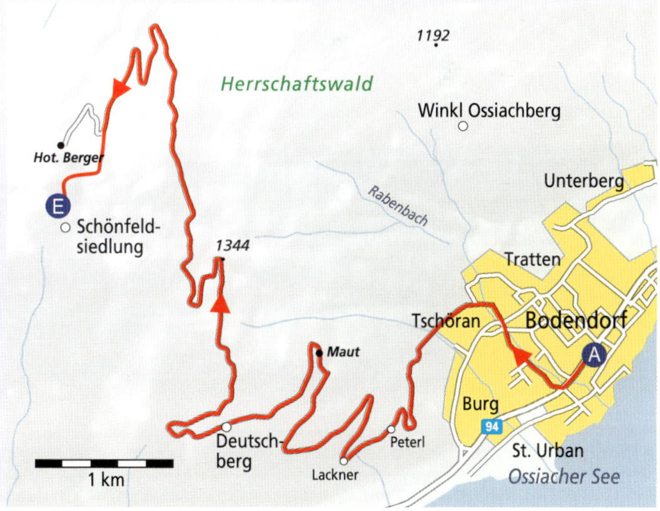

22

Ein Hausberg zum Verlieben Villacher Alpenstraße

Entlang dieser gut ausgebauten Straße hat man fantastische Ausblicke auf die Stadt Villach und die Julischen Alpen.

Die gut ausgebaute Strecke führt auf den Villacher Hausberg, den Dobratsch und bietet trotz der Tatsache, dass man die letzten 400 Höhenmeter nur noch zu Fuß zurücklegen kann, einige mehr als prächtige Gründe, ein paar Euro in die Maut zu investieren.

TOUR-TELEGRAMM

Land: Österreich
Region: Kärnten
Höchster Punkt: 1732 m
Basisort: Villach
Anzahl Kehren ca.: 7
Streckenlänge insgesamt: 20 km
Schwierigkeit: Leicht
Mautpflicht: ja (2015: 9,50 Euro)
Beste Jahreszeit: Anfang Mai bis Mitte Okt.
Wintersperre: Keine, winterliche Verhältnisse zwischen Dez. und März
Gut kombinierbar mit: Tour 19, 20, 22 und 23

Die Geschichte der Straße

Um 1896 begannen Alpinisten damit, den Villacher Hausberg Dobratsch (2166 m) ins Visier zu nehmen. Und ließen damit bei Regionalpolitikern die ersten Ideen zur touristischen Erschließung sprießen. 1907 entstanden die ersten Pläne einer gut 18 Kilometer langen Automobilstraße mit maximaler Steigung von zwölf Prozent und einer intensiv gewalzten Schotter-Oberfläche. Doch fehlte zur Realisierung schlichtweg das Geld.

Als um 1912 die Pläne einer Seilbahn auf die naheliegende Gerlitzenalpe bekannt wurden, kramte man umgehend die Pläne der Mautstraße hervor. Sie sollte der Gerlitzen-Seilbahn von Anfang an den touristischen Rang ablaufen. Der Ausbruch des Ersten Weltkriegs 1914 begrub all diese Pläne bis 1923. Doch diesmal regte sich Widerstand von gänzlich unerwarteter Flanke: Italien legte lauthals Einspruch ein mit der nicht unbedingt aberwitzigen Begründung: Vom strategisch herausragenden Dobratsch aus könne die österreichische Artillerie das nur 70 Kilometer entfernte Udine unter Beschuss nehmen.

Erst 1954 rang man sich schließlich dazu durch, eine einfache Trasse hinauf auf den Dobratsch zu bauen. Doch es sollte weitere sieben Jahre dauern, bis die Finanzierung der Villacher Alpenstraße endgültig in »trockenen Tüchern« war. 1965 – also satte 69 Jahre nach der ersten Idee – war die 16,5 Kilometer lange Alpenstraße fertig. Ihr Bau kostete schlussendlich umgerechnet 23 Millionen Euro, hierin allerdings nicht eingerechnet all die ungezählten Planverfahren der vergangenen Jahre.

Mein persönlicher Tipp

An heißen Sommertagen ist nicht nur eine ausgiebige Rast auf den zahlreichen Bänken am oberen Parkplatz ein besonderer Genuss. Auch der Sundowner mit Blick auf Villach bleibt in Erinnerung. Die Verpflegung dazu gibt's im angrenzenden Berggasthaus.

Die Straße heute

Heute ist die Villacher Alpenstraße eine der wichtigsten touristischen Attraktionen Kärntens und lockt alljährlich Hunderttausende mautzahlende Besucher auf den Villacher Hausberg. Entlang der gut ausgebauten und leicht zu befahrenden Straße bieten sich immer wieder fantastische Ausblicke auf die Stadt Villach, die Julischen Alpen und die markante Südseite des Dobratsch, die

Bild links: Auf dem Gipfelplateau zum Greifen nahe liegen die Karawanken und die Julischen Alpen.

Was lange währt wird letztlich gut – auch die Villacher Alpenstraße.

Vor allem im oberen Drittel garniert die Piste ein prächtiges Alpenpanorama.

als größtes Bergsturzgebiet der Ostalpen gilt. Mehrere große Themen-Rastplätze entlang der Strecke laden zum Pausieren inmitten einer mehr als prächtigen Bergwelt ein. Und am letzten, oberen Parkplatz steht neben besonders abgesperrten Arealen für Motorräder auch ein Biker-Safe zur Verfügung, um Helme, Bekleidung und Wertsachen sicher zu deponieren, während wir uns auf den umliegenden Wanderwegen ausgiebig die Beine vertreten.

Erlebenswertes im direkten Umfeld

»Heimat des Hirsches« soll der bereits in antiken Quellen nachzulesende Ursprung des Namens Karawanken bedeuten. Jenes mächtigen Grenzgebirges zwischen dem österreichischen Bundesland Kärnten und Slowenien. Gerade diese Nähe zueinander macht einen Ausflug in die Karawanken so erlebenswert. Wir pendeln von einer prächtigen, touristisch perfekt organisierten Südalpenwelt innerhalb weniger Kurven und Kilometer hinüber in eine Welt aus längst vergangenen Zeiten. Die Städte und Dörfer der Karawanken entführen uns in eine Zeit vor 50, 60 und mehr Jahren. Mit Ausnahme von Kranjska Gora ist der Tourismus in den Bergen der Karawanken noch heute ein Fremdwort. Und das macht den besonderen Reiz aus.

Der Basisort

Bereits in der Jungsteinzeit war Villach ein beliebter Siedlungsplatz. Auch die Römer siedelten hier, der sogenannte »Römerweg«, eine der wichtigsten Handelsstraßen von Italien in den Ostalpenraum führte ganz in der Nähe vorbei. Ja sogar die Bayern konnten sich eine Zeit lang als Besitzer Villachs rühmen, Napoleon unterstellte Stadt und Umland seiner Regentschaft bis zur Rückgabe der Region an Österreich.

Heutzutage besitzt die Stadt an der Drau im Dreiländereck Italien–Slowenien–Österreich nicht nur sehenswertes Flair und Lebendigkeit, ihre Lage unmittelbar in der Nähe der schönsten Kärntner Seen – Ossiacher See und Wörthersee sind im Grunde nur einen Steinwurf entfernt – prägt ihren ganz besonderen Reiz.

Echt lecker: Jausen-Angebot auf Kärntner Berghütten

TOUR-INFOS

Strecken-Charakteristik:
Die gut ausgebaute Straße führt auf den Villacher Hausberg und definiert den Zusatz »Panoramastraße« neu: Sie bietet unzählige Ausblicke auf die Stadt und das Land bis hin zu den Karawanken im Süden. Entlang der Strecke liegen Motorrad-Parkplätze samt Bikers-Point.

Kombi-Möglichkeiten:
Buchen Sie doch eine Woche Villach und genießen Sie die umliegenden Kombinationsmöglichkeiten mit den Panoramastraßen Nr. 19 und 20 sowie 22 und 23. Langeweile ist dabei sicherlich ein Fremdwort.

Einkehr & Übernachtung:
Café-Konditorei Rainer am Oberen Kirchenplatz 5 in der Villacher Fußgängerzone. Echt lecker und mit riesiger Kuchenauswahl.
Zur Übernachtung empfehle ich das **Hotel Goldenes Lamm** am Hauptplatz in Villach, www.goldeneslamm.at. Und als Campingplatz: **Seecamping Berghof** in Villach-Landskron, www.seecamping-berghof.at

Höhenprofil

Höhenmeter bergauf: 1389 m
Höhenmeter bergab: 157 m
Maximale Steigung: 14,5 %
Durchschnittliche Steigung: 6,9 %
Maximales Gefälle: 4,5 %
Durchschnittliches Gefälle: 1,7 %

23

Mittelschwer und einzigartig Egger Alm Panoramastraße

Die Panoramastraße hinauf zur und entlang des weiten Hochtales der Egger Alm ist ein prächtiger Genuss vor allem für Naturfreunde.

Und da es auch unter Motorradfahrern explizite Naturfreunde gibt, gehört sie unbedingt in dieses Buch. Umso mehr, als sie fahrerisch so manche »Überraschung« zu bieten hat.

TOUR-TELEGRAMM

Land: Österreich
Region: Kärnten
Höchster Punkt: 1423 m
Basisort: Hermagor
Anzahl Kehren ca.: 16
Streckenlänge insgesamt: 17 km
Schwierigkeit: Mittelschwer
Mautpflicht: Keine
Beste Jahreszeit: Ende Mai bis Mitte Okt.
Wintersperre: Anfang Nov. bis Ende April
Gut kombinierbar mit: Tour 19, 21, 22 und 24

Die Geschichte der Straße

Bereits im 14. Jahrhundert werden die Almen samt ihren Käsereien in den Geschichtsbüchern erwähnt, ja sogar die ersten Käserezepturen sollen aus dieser Zeit überliefert worden sein. Ausführlich wurden das Leben und der Alltag auf der Egger Alm in einer Abhandlung über die »Lage der Almwirtschaft im Gailtal« aus dem Jahr 1876 geschildert. Daraus hervorgehend auch der beschwerliche Weg, den der Käse von den Almen herab ins Gailtal zur weiteren Vermarktung nehmen musste. Nach den beiden Weltkriegen waren im gesamten Gailtal noch knapp 40 Sennereien aktiv in der Käseproduktion, eine Handvoll davon aus dem Hochtal der Egger Alm stammend. Sie schlossen sich in der »Gemeinschaft der Gailtaler Alpsennereien« zusammen, um die hervorragende Qualität und das Renommee des Gailtaler Almkäses nachhaltig und vor allem gemeinschaftlich zu vermarkten.

Mein persönlicher Tipp

Besuchen Sie die Egger Alm im Hochsommer möglichst unter der Woche oder am Samstag, sonntags steppt dort der berühmte »Bär«.

Die Straße heute

Die Basis der Egger Alm Panoramastraße war wie so oft die Notwendigkeit der Anbindung einsam gelegener Almen an das nächstliegende Tal. Heute ist die Egger Alm hoch oben auf einem weiten Plateau vor allem bei den Kärntnern ein sehr beliebtes Naherholungs- und Ausflugsgebiet, dessen Panoramastraße zwar offiziell diese Bezeichnung (noch) nicht trägt, aber dennoch unzweifelhaft verdient. Allerdings muss vor allem an Sommerwochenenden aufgrund der Beliebtheit der Egger Alm mit einem ordentlichen Andrang gerechnet werden.

Der Aufstieg beginnt im Süden von Hermagor, die asphaltierte Piste windet sich in 16 Kehren und einigen Kurven bergan bis hinauf auf gut 1400 Meter Höhe entlang der Nordseite des Karnischen Kamms. Die teilweise recht engen und unübersichtlichen Kehren verlangen eine sichere Beherrschung des eigenen Motorrades sowie etwas Erfahrung in alpinem Gelände.

Auch der weitere Streckenverlauf auf der Alm ist geprägt von einer Einspurstrecke mit Ausweichbuchten. Am Ende der frei befahrbahren Piste erwarten uns bewirtschaftete Almen als das prägende Ausflugsziel des gesamten Hochtales. Die einstmals mögliche Weiterfahrt nach Osten über die dort liegenden Almen zum Kesselwaldsattel und wieder hinab in das Gailtal nach Vorderberg ist seit einigen Jahren für den Durchgangsverkehr gesperrt. Nur Almbesitzer, Berechtigte und Mountainbiker dür-

Bild links: Geschafft: Angekommen auf der Egger Alm geht es unbeschwert weiter.

Auch bei Kärntner Bikern ist die prächtige Sackgasse äußerst beliebt.

Einige sind auch zu mieten: Berghütten auf der Egger Alm

fen diesen mit einer Schranke abgesperrten Weg hinab in das Gailtal nehmen.

Erlebenswertes im direkten Umfeld

Die Egger Alm und das Almgasthaus »Zum Rudi« bieten sowohl leckere Einkehr- als auch Übernachtungsmöglichkeiten (Zimmer wie auch Bettenlager) an, die gesamte Alm wird von circa Mitte Mai bis Mitte Oktober alljährlich bewirtschaftet. Beliebt ist auch der alljährliche »Käseanschnitt« am letzten Sonntag im Juli, bei dem der junge Käse verkostet werden kann. Um die Alm herum liegen herrliche Wandergebiete, der winzige Eggeralm-See besitzt malerische Pausenplätze, er kann aber in heißen Sommern nahezu vollständig austrocknen. Infos unter www.zumrudi.at.

Der Basisort

Hermagor und der Pressegger See sind die perfekte Ergänzung zu unserem Trip auf die Eggeralm. Umgeben von einem weitläufigen Bergpanorama begeistert die sonnenverwöhnte Stadt Hermagor durch ihre kristallklare Luft, einen enormen Erholungsfaktor und unzählige Möglichkeiten, sich auch einmal abseits des Mopedsattels zu bewegen. Zum Beispiel zu einem Badestopp am und vor allem im Pressegger See. Der beliebte Badesee verfügt nicht nur über beste Trinkwasserqualität, er erwärmt sich im Hochsommer sogar bis auf angenehme 28 Grad Celsius Wohlfühltemperatur. Liebevoll als die »Badewanne des Gailtals« bezeichnet, soll sein kalmushaltiges Wasser sogar eine heilende Wirkung besitzen. Ja der

See gilt bei Einheimischen insgeheim als wahrer Jungbrunnen der Natur. Also bitte-schön raus aus der Mopedkluft und ab zum Baden …

TOUR-INFOS

Strecken-Charakteristik:
Der Schwierigkeitsgrad dieser Panoramastraße bestimmt sich aus ihrer Zufahrt, die über eine teilweise sehr schmale Bergstraße mit engen, ansteigenden Kehren führt. Erst einmal auf dem Plateau angekommen, ist der Rest des Weges ein »Kinderspiel«. Vor allem an Sommerwochenenden ist allerdings mit ordentlich Ausflugsverkehr zu rechnen.

Kombi-Möglichkeiten:
Einige der schönsten Panoramastraßen Kärntens und Südtirols warten im Umland auf uns. Schauen Sie nach den Panoramastraßen Nr. 19, 21 und 22 sowie der hier nachfolgenden Nr. 24, einer der anspruchsvollsten Strecken dieses Buches.

Einkehr & Übernachtung:
Fast am Ende der Panoramastraße erwarten uns die **Egger Alm** sowie die **Alte Käserei** – dort unbedingt einmal einkehren. Und zur gemütlichen Übernachtung nach einem langen Tag im Sattel erwartet uns das **Landhotel Radnighof** in Hermagor, www.radnighof.at

Höhenprofil

Höhenmeter bergauf: 1083 m
Höhenmeter bergab: 311 m
Maximale Steigung: 13,4 %
Durchschnittliche Steigung: 6,8 %
Maximales Gefälle: 15,5 %
Durchschnittliches Gefälle: 6,1 %

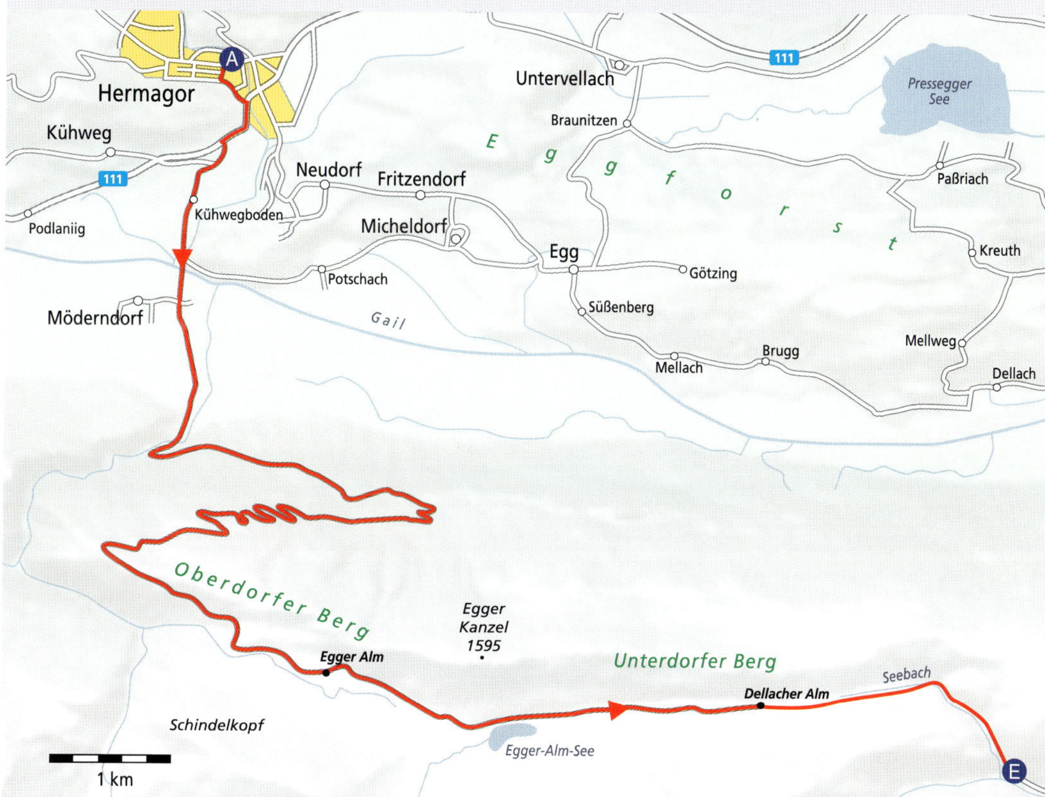

Trentino – Südtirol

Beliebt – berühmt – und immer wieder eine Herausforderung

Auf der Strada Panoramica delle Tre Cime

24

Keinesfalls zu unterschätzen Panoramica delle Vette

Eine grandiose Panoramastraße, die jedoch anspruchsvoll ist und sogar riskant sein kann.

Diese atemberaubende Panoramastraße sollten Sie nur an wirklich schönen, klimatisch stabilen Tagen erobern. Und selbst dann ist sie fahrerisch als recht anspruchsvolle Strecke einzustufen. Und bei Wetterumschwüngen wird die Piste sehr schnell riskant. Umkehren ist dann keine Schande – auch ich habe es bereits zweimal vorgezogen.

TOUR-TELEGRAMM

Land: Italien
Region: Friaul
Höchster Punkt: 1979 m
Basisort: Comeglians und Ravascletto
Anzahl Kehren ca.: 46
Streckenlänge insgesamt: 34 km
Schwierigkeit: Sehr anspruchsvoll
Mautpflicht: Keine
Beste Jahreszeit: Anfang Juni bis Mitte Okt.
Wintersperre: Anfang Nov. bis Mitte Mai
Gut kombinierbar mit: Tour 12, 23 und 25

Die Geschichte der Straße

Gedacht war auch diese zunächst nur grob geschotterte Strecke als Zubringer zu den weiten Almen unterhalb der Gebirgsketten des Monte Crostis sowie der Malga Alpe Chiadinis. Sowohl von Comeglians, respektive dessen Vorort Tualis sowie von Ravascletto im Osten wurden Zubringer-Teilstrecken mit atemberaubenden Kehren und Steigungen in die Berge gesprengt. Die gesamte obere, rund acht Kilometer lange Scheitelstrecke in einer Höhenlage um 1900 Meter wurde im Nachhinein auf Betreiben der Bergbauern dann ebenfalls geschottert. Daraus ergab sich eine auch für Allradfahrzeuge und Traktoren durchaus anspruchsvolle Bergstrecke, die bald schon unter Offroadern und vor allem auch Quad-Fahrern zu einem Geheimtipp avancierte.

Ungefähr um die Jahrtausendwende gab es die ersten Berichte von Motorradfahrern – Hardcore-Enduristen – die sich untereinander die Panoramica delle Vette als echtes »Schmankerl« empfahlen. Und sie in ihrem fahrerischen Anspruch mit der legendären LGKS (Ligurischen Grenzkammstraße) verglichen. Zwischen 2005 und 2007 wurden die beiden Zubringer von Comeglians und Ravascletto aus grundlegend renoviert und in einfacher Art und Weise asphaltiert, so dass zumindest der Aufstieg durch lichten Mischwald zum weiterhin geschotterten Mittelstück um einiges leichter wurde. Seitdem sind vor allem im Sommer vermehrt Motorradfahrer die Nutznießer und Genießer dieser auch weiterhin anspruchsvollen, weil schmalen und kehrenreichen Panoramastraße, die in ihrer Streckenführung wohl einzigartig ist.

Die Straße heute

Dreimal habe ich diese atemberaubende Panoramastraße in den vergangenen Jahren besucht – und zweimal dabei oben am Höhepunkt vor Beginn der Schotterstrecke abbrechen müssen. Das erste Mal war die Weiterfahrt hinab nach Ravascletto gesperrt wegen Lawinenabgang, Steinschlag und Baustellen. Das zweite Mal im Juni 2012 erlebten wir einen derart dramatischen Wetterumschwung mit »Null-Sicht« in des Wortes kühnster Bedeutung, dass ich es nicht riskieren wollte, meine beste Sozia und mich in Gefahr zu bringen. Erst 2014 gelang es mir die komplette Strecke zu erfahren – allerdings mit einer vergleichsweise leichten Reiseenduro (BMW F800GS Adventure) und frei von Koffern sowie Sozia.

Die Bergstrecke zieht sich von Comeglians kommend über Tualis zunächst an der Südflanke des Monte Crostis hinauf. Bereits im unteren Viertel durch lichten Mischwald

Bild links: Die Panoramica delle Vette beginnt kurvenreich, aber noch gemütlich.

Ein schnelles Selfie vor dem Wetterumschwung am Scheitelpunkt

Mein persönlicher Tipp

»Strada senza barricada« lautet das Fahrverbot auf den Zubringern: Mit einem gerüttelt Maß an alpiner Erfahrung und einer sicheren Beherrschung des Bikes ist diese Panoramastraße dennoch ein Genuss, an den Sie sich noch lange erinnern werden. Nur Chopperfreunde und »Rennsemmler« mit wenig Bodenfreiheit sollten eventuell am Beginn der Schotterpiste umdrehen.

Bild rechts: Bereits die Westrampe deutet an, welch eine Herausforderung auf uns wartet.

Auch 350-kg-Boliden können die Panoramastraße schaffen.

liegen einige anspruchsvolle, aber noch ordentlich asphaltierte Kehren, die es zu bewältigen gilt. Im oberen Drittel verläuft die kaum mehr als lenkerbreite, aber ebenfalls sauber asphaltierte Piste nun nahezu auf gleicher Höhe nach Osten und bietet oberhalb der Baumgrenze atemberaubende Ausblicke bis hinüber in die Karnischen Alpen. Spätestens jetzt wissen Sie, warum die Panoramica delle Vette zu den schönsten und reizvollsten Panoramastraßen Norditaliens gehört.

Kurz vor dem markanten Gipfel des Piz di Mede biegt die Höhenstraße dann gen Süden ab und hier beginnt der bislang ungeteerte Abschnitt, der allerdings mit recht feinem Schotter belegt ist und sich auch mit Straßenbereifung sicher fahren lässt. Probleme bereiten allenfalls die sehr engen und ausgewaschenen Kurven sowie Fahrbahnverengungen durch Steinschlag und Muren respektive Schneewälle, die sich bis weit in den Juni dort oben halten können.

Sobald die Berghütten von Valsecca in den Blick kommen, haben wir es geschafft und der betonierte Abstieg hinab nach Ravascletto kann beginnen. Aber auch hier gilt es volle Konzentration walten zu lassen, denn neun steil abfallende Spitzkehren erwarten uns zum Kurventanz. Sobald sich der dunkle Tann öffnet, liegt Ravascletto vor Ihnen und Sie dürfen sich lobend auf die

See-the-world.de

Geschafft: Ab hier ist Ravascletto nicht mehr weit.

gepolsterten Schultern klopfen. Die Panoramica delle Vette sicher absolviert zu haben ist ein erinnerungswürdiges Ereignis.

Erlebenswertes im direkten Umfeld

Was haben das gen Norden angrenzende Osttirol und das ferne Nepal gemeinsam? Nun, beide sind Regionen der oftmals extremen Gegensätze, ihre Bandbreite reicht von lieblichen fruchtbaren Tälern bis hinauf in lebensfeindliche Höhen. Wohl deshalb nennt sich Osttirol gerne auch das »Nepal Österreichs«. Die Weite seiner Pässe und Panoramastraßen lädt ein zum Durchatmen, die schattige Kühle seiner Täler erfrischt nicht nur an Sommertagen, die quirligen Städte und Bergdörfer sowie ihre Menschen definieren den Begriff »Gastfreundschaft« und die allerorten unmittelbare Nähe zur allmächtigen Natur der Berge ermöglicht uns die Besinnung auf das wirklich Wesentliche. Doch das vielleicht Beste daran: Osttirol liegt auch heute noch fernab vom Massentourismus und bietet viel Raum für die Entdeckung des Ursprünglichen. Geradezu ideal, um mit den Pässen Friauls kombiniert zu werden. Übrigens: Zwei der schönsten Panoramastraßen Osttirols sind auch in diesem Buch verewigt. Schauen Sie mal nach. Alle Infos: www.osttirol.com.

Die Basisorte

Einstmals mit der Holzgewinnung zu bescheidenem Wohlstand gekommen, versanken das sehenswerte Bergdorf Comeglians und seine gerade einmal 500 Einwohner nach dem Zweiten Weltkrieg in der Bedeutungslosigkeit. Erst der naturnahe Tourismus sowie die Lage direkt im Süden der Karnischen Alpen ließen das Dorf erneut aufblühen. Nicht nur als Start oder Ziel unserer Eroberung der Panoramica delle Vette ist Comeglians prädestiniert, auch als Ausgangspunkt für zahlreiche weitere Exkursionen in Richtung Karnien eignet sich das Dorf ebenso hervorragend.

Auch in Ravascletto kann man Beschaulichkeit porentief inhalieren, vor allem Wintersportfans werden mit dem Namen des 600-Seelen-Ortes ihr weißes Vergnügen verbinden. Im Sommer ist Ravascletto bis heute ein Geheimtipp norditalienischer Bergfreunde – und seit einigen Jahren auch ein heißer Tipp aller Enduristen: Nicht nur die Panoramica delle Vette endet hier, es liegen noch einige weitere Offroadreviere in den Wäldern.

Apropos: Wer nicht ganz schwindelfrei ist, sollte die Panoramica delle Vette von Ravascletto aus in Angriff nehmen. Das hat den großen Vorteil, dass sie auf den ausgesetzten und extrem schmalen Schotterabschnitten auf der zum Berg hin weisenden Seite der Piste an entgegenkommenden Bikern oder Pkw vorbei zirkeln. Das ist deutlich angenehmer, als auf der ungesicherten Abgrundseite.

TOUR-INFOS

Strecken-Charakteristik:

Die sehr schmale Bergstrecke zeigt uns gleich zu Beginn, dass sie kein Terrain für Anfänger ist. Enge und ordentlich ansteigende Kehren summieren sich bereits im ersten Abschnitt zu einer Herausforderung, ein Teilstück im Scheitelbereich ist fein geschottert – allerdings mit Straßenbereifung auch gefahrlos zu befahren. Bringen Sie dennoch all Ihre Motorrad-Erfahrung mit – Sie brauchen sie.

Kombi-Möglichkeiten:

Meine Kombinationsvorschläge – die Panoramastraßen Nr. 12, 23 und auch Nr. 25 – eignen sich perfekt, um uns fahrerisch auf die Herausforderungen der Panoramica delle Vette vorzubereiten.

Einkehr & Übernachtung:

Eine perfekte Stärkung bietet nach getaner »Arbeit« die **Pizzeria La Scaletta** in der Via Valcada 63 in Ravascletto. Und Comeglians empfiehlt sich auch als Tourenstandort für obige Kombi-Vorschläge, hier zum Beispiel die **Albergo Alle Alpi** in der Via Roma 38.

Höhenprofil

Höhenmeter bergauf: 2473 m
Höhenmeter bergab: 2079 m
Maximale Steigung: 14,9 %
Durchschnittliche Steigung: 7,7 %
Maximales Gefälle: 13,5 %
Durchschnittliches Gefälle: 6,3 %

25

Perle der Dolomiten Drei Zinnen Panoramastraße

Die Strada Panoramica delle Tre Cime ist ein ganz heißer Tipp für Biker – nur nicht im August.

Sie zählt zu Norditaliens schönsten Panoramastraßen, wohl selten waren zwölf Euro Motorradmaut besser investiert, als auf ihr. Und in ihrem Umfeld erwarten uns weitere fahrerische und landschaftliche Highlights – allesamt mautfrei.

TOUR-TELEGRAMM

Land: Italien
Region: Dolomiten
Höchster Punkt: 2320 m
Basisort: Misurina
Anzahl Kehren ca.: 9
Streckenlänge insgesamt: 8 km
Schwierigkeit: Leicht, im oberen Abschnitt mittelschwer
Mautpflicht: ja (2015: 12,– Euro)
Beste Jahreszeit: Anfang Juni bis Mitte Okt.
Wintersperre: Nov. bis Mitte Mai
Gut kombinierbar mit: Tour 12, 24 und 26

Die Geschichte der Straße

Sie hängt unmittelbar zusammen mit der Eroberung der mächtigen, ja im gesamten Alpenraum wohl einzigartigen Drei Zinnen, den Tre Cime di Lavaredo, einem sehr markanten Gebirgsstock auf der Grenze zwischen den italienischen Provinzen Trentino-Südtirol und Belluno. Ihre bis zu 3000 Meter steil aufragenden Felsengipfel waren immer schon Ziel und Traum vieler Alpinisten, doch erst im Jahre 1869 gelang deren Besteigung.

Anfang des 19. Jahrhunderts baute der Österreichische Alpenverein einige Berghütten in der Nähe der Grenzlinie zu Italien. Daraufhin begann der Italienische Alpenverein 1912 damit, das Rifugio Auronzo – die heutige Bergstation der Panoramastraße – zu erbauen. Doch kurz vor deren Eröffnung brach der Erste Weltkrieg aus, die Hütte wurde bombardiert und bis auf die Grundmauern zerstört. Der Italienische Alpenverein begann nach Kriegsende erneut mit dem Bau der Schutzhütte und 1925 konnte sie feierlich eröffnet werden. Bereits rund um diese Zeiten gab es einen einfachen Fahrweg hinauf zur Hütte, der den Fahrzeugen und Fahrern technisch alles abverlangte.

Im April 1955 zerstörte ein Großbrand die Hütte erneut, doch bereits zwei Jahre später konnte sie wieder in Betrieb genommen werden. Mitsamt der Fahrstraße bis hinauf zu den Hüttenmauern auf 2320 Höhenmetern.

Mein persönlicher Tipp

Mein genereller Tipp für die Dolomiten gilt auch hier: Genießen Sie die Panoramastraße von Mai bis Oktober – mit Ausnahme des Monats August. Dann ist es am Rifugio derart überfüllt, dass selbst ein Scooter keinen Parkplatz mehr findet.

Die Straße heute

Direkt am Nordufer des Lago di Misurina zweigt die Piste gen Nordosten ab und offenbart sich rasch als eine fahrerisch mäßig anspruchsvolle, dafür herrlich aussichtsreiche Panoramastraße steil hinauf in die hochalpinen Felsregionen der Drei Zinnen. Da stört es auch wahrlich nicht, dass wir die gut acht Kilometer lange Panoramastraße an Sommerwochenenden mit Massen an Autos teilen müssen – die sammeln sich vor allem dann ganz oben am Ende der Piste auf einem riesigen Parkplatz samt Bikertreff. Im letzten Drittel der Strecke liegen zahlreiche herrliche Pausenplätze, die ich wärms-

Bild links: Perfekte Einstimmung: der Lago d'Antorno am Beginn der Panoramastraße

Anfang Juni an den Drei Zinnen – vielleicht die schönste Zeit

Derart frei haben wir die Piste vor allem unter der Woche.

tens empfehlen kann, wenn sich oben am Rifugio Auronzo mal wieder die Autos stapeln. Ringsumher bieten sich zudem unzählige Möglichkeiten an, sich auch einmal abseits des Sattels wandernd zu betätigen. Ich las einmal, dass dies höchst gesund sein soll …

Erlebenswertes im direkten Umfeld

Sie ist eine der bekanntesten Städte Südtirols: Das 1256 erstmals urkundlich erwähnte Bruneck ist das wirtschaftliche Zentrum des Pustertales und mit gut 16 000 Einwohnern die fünftgrößte Stadt Südtirols. 2006 feierte Bruneck sein 750-jähriges Bestehen, gegründet wurde der Ort durch den Fürstbischof Bruno von Kirchberg, der im Ort auch sein heutiges Wahrzeichen, das Schloss Bruneck, erbauen ließ. Man mag es auf den ersten Blick gar nicht glauben, aber Bruneck ist auch ein beliebtes Tourismuszentrum. Wenngleich direkt an der überaus verkehrsreichen SS49 gelegen, ist das neben der prallen Geschichte Brunecks auch dessen Vorteil: die zentrale Lage. Von hier aus liegen die Highlights des westlichen Pustertales allesamt nur einen Steinwurf entfernt. Infos unter www.bruneck.com.

Der Basisort

Eine Handvoll Häuser, ein See mit Ansichtskarten-Idylle, eine atemberaubende Felskulisse und ein nahezu unbekannter Alpenpass – der Basisort der Drei Zinnen Panoramastraße ist von der Natur derart verwöhnt, dass man glauben könnte, er stamme aus dem Drehbuch irgendeines Rosamunde-Pilcher-Streifens.

Übrigens aufgepasst: Den unscheinbaren Colle Sant Angelo mit seinen 1756 Metern Höhe können wir sehr leicht übersehen oder besser gesagt überfahren, da das eigentliche Highlight der Gegend Sie von vornherein derart faszinieren wird – der prächtige Lago di Misurina inmitten einer der schönsten Bergkulissen der Dolomiten, die ich auf all meinen Reisen gefunden habe. Der Colle Sant Angelo befindet sich am nördlichen Ufer des Lago di Misurina, kurz bevor die Straße im Bergwald abtaucht.

Die Drei Zinnen sind der Traum aller Alpinisten.

TOUR-INFOS

Strecken-Charakteristik:
Die zügig ansteigende Sackgasse zählt zu den wohl schönsten Berg- und Panoramastraßen Italiens und erfordert im oberen Drittel sogar ein wenig Motorrad-Erfahrung in alpinem Gelände. An Sommerwochenenden herrscht zudem reger Ausflugsverkehr, der im August sogar zu einer »Überfüllung« der Straße führen kann. Mein Tipp: Gönnen Sie sich die Strecke unter der Woche oder am »Bettenwechsel-Samstag«. Es lohnt sich.

Kombi-Möglichkeiten:
Die Pustertaler Höhenstraße (Nr. 12) eignet sich perfekt als Kombi für die Anreise, die Nr. 24 – Panoramica delle Vette als abschließender Höhepunkt eines Motorradurlaubes in Ost- und Südtirol.

Einkehr & Übernachtung:
Das **Rifugio Auronzo** am Ende der Sackgasse ist stets gut besucht, lohnt aber dennoch einen Boxenstopp. Sofern Sie für das Bike noch ein Parkplätzchen finden. Zur erinnerungswürdigen Übernachtung empfehle ich den einzigartigen Lago di Misurina und hier zum Beispiel das **Hotel Lavaredo** in Seenähe in Misurina, www.lavaredohotel.it.

Höhenprofil

Höhenmeter bergauf: 725 m
Höhenmeter bergab: 123 m
Maximale Steigung: 12,7 %
Durchschnittliche Steigung: 11,6 %
Maximales Gefälle: 7,1 %
Durchschnittliches Gefälle: 4,5 %

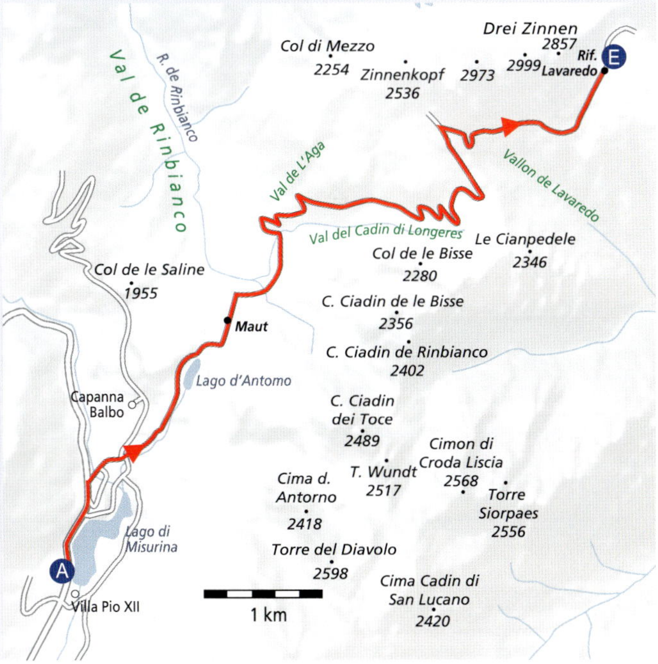

26

Himmlisch langer Genuss
Große Dolomitenstraße

Diese grandiose Route hat es völlig verdient, dass wir ihr mehrere Tage widmen. Sie gibt es her. Versuchen Sie es!

Die Große Dolomitenstraße – allein der Klang ihres Namens lässt meine Gashand sofort chronisch jucken. Sie ist die älteste und für viele auch schönste Ferien- und Panoramastraße der norditalienischen Dolomiten. Gebaut als Huldigung an Kaiser Franz Joseph I. zu dessen fünfzigjährigem Thronjubiläum. Welch ein Geschenk!

TOUR-TELEGRAMM

Land: Italien
Region: Dolomiten
Höchster Punkt: 2239 m
Basisort: Bozen und Cortina d'Ampezzo
Anzahl Kehren ca.: 103
Streckenlänge insgesamt: 118 km
Schwierigkeit: Mittel bis anspruchsvoll
Mautpflicht: Keine
Beste Jahreszeit: Ende Mai bis Anfang Okt., (evtl. nicht im August)
Wintersperre: Keine
Gut kombinierbar mit: Tour 25

Die Geschichte der Straße

In der Frühzeit des alpinen Tourismus waren es vor allem Bergsteiger und Naturfreunde, die das heutige UNESCO Weltnaturerbe Dolomiten erobern und intensiv erkunden wollten. Zwar gab es um 1860 herum bereits einige durchgehend asphaltierte Talstraßen – im Eggental sowie am Karerpass – doch die höheren Pässe, wie der Pordoi, waren immer noch ausschließlich auf grob geschotterten und extrem steilen Saumpfaden und Wegen zu erreichen.

1898 begannen der Deutsche und der Österreichische Alpenverein mit der Planung einer »auch für den einfachen Touristen« nutzbaren Fahrstraße quer durch und hinauf in die erhabene Welt der »Bleichen

Berge«, der Dolomiten. »Große Panoramastraße der Dolomiten« sollte sie ursprünglich heißen – ein recht »sperriger« Name. Nicht nur aufgrund von Finanzierungslücken verzögerte sich deren Baubeginn, es waren auch technisch anspruchsvolle Etappen zu bewältigen, wie die Rampe hinauf zum Passo di Falzarego. 1909 war die einfache Fahrstraße endlich fertiggestellt und wurde offiziell für den Verkehr freigegeben.

Wenige Jahre später brach der Erste Weltkrieg aus, der zaghafte Dolomitentourismus kam vollständig zum Erliegen, die Straßen wurden für das Militär gesperrt. Erst Mitte der 1950er-Jahre erinnerte man sich an die einstmals erbaute Große Dolomitenstraße und ihre perfekte Streckenführung. Denn sie verband die auch in der Neuzeit attraktivsten touristischen Ziele der Dolomiten miteinander. Grund genug, die Straße komplett zu restaurieren und zu ihrem heutigen Zustand auszubauen. Und das sogar in voller Länge mautfrei.

Mein persönlicher Tipp

Nehmen Sie sich eine Woche Zeit und zwei Standorte entlang der Panoramastraße – zum Beispiel in Nova Levante / Welschnofen und Corvara – und erkunden Sie ausgehend von der Großen Dolomitenstraße all die namhaften Pässe dieses Weltnaturerbes ganz besonders intensiv. Es lohnt sich!

Die Straße heute

Auch unter Bikern genießt die gut 120 Kilometer lange Strecke von Bozen über den Passo di Costalunga, über Canazei, den Passo Pordoi sowie über Arabba und den Passo di Falzarego weiter nach Cortina d'Ampezzo längst den Ruf der vielleicht berühmtesten aller Alpen-Panoramastraßen. Durch das idyllische Eggental erklimmen wir den Karerpass auf 1745 Metern Höhe, erreichen das Fassatal mit dem beliebten Urlaubsort Canazei und suchen die Piste hinauf zum

Bild links: Der Falzarego-Pass ist einer der Höhepunkte der Straße.

Blick auf Arabba und den Passo Pordoi im Hintergrund

Tausendfach fotografiertes Gipfelglück: der Scheitelpunkt des Falzarego

Pordoijoch, dem mit 2239 Metern höchsten Punkt der gesamten Strecke. Bergab am Fuße des Pordoi erwartet uns das Wintersport-Ressort Arabba und wenige Kilometer weiter der Anstieg zum legendären Falzaregopass auf 2105 Metern Höhe. Ein durchaus anspruchsvolles Kurventerrain, auf dessen Ostflanke wir dann ganz entspannt hinunter nach Cortina d'Ampezzo wedeln können.

Erlebenswertes im direkten Umfeld

»Dort, wo hohe Felstürme enge Täler umrahmen und grüne Wiesen den Horizont begrenzen …« heißt es in den Prospekten der Dolomitenregion. Eine wahrlich nicht nur Biker süchtig machende Mixtur. Ihr höchster Gipfel ist die Marmolada-Gruppe mit bis zu 3342 Höhenmetern. Sie und weitere Teile der Dolomiten wurden im Juni 2009 zum UNESCO-Weltnaturerbe ernannt, eine Auszeichnung, die mehr als überfällig war und dieses einzigartige Kurvenparadies unter ganz besonderen Schutz stellt.

Die Basisorte

Zugegeben: Es hat eine Weile gedauert, bis ich der Landeshauptstadt Südtirols eine Chance gegeben habe. Zu sehr prägt der horizontweite Wirtschaftsgürtel um Bozen den ersten Eindruck. Doch heute kann ich sagen, dass es ein lohnendes Unterfangen ist, sich bis in das historische Zentrum Bozens »vorzuarbeiten«. Zumal dies mit dem Motorrad wesentlich leichter fällt, als mit Pkw oder gar Wohnmobil. Eine pralle Geschichte erwartet uns dort in den überaus engen Altstadtgassen ebenso, wie eine Vielzahl an Cafés, Restaurants und Einkehrmöglichkeiten.

Und Cortina d'Ampezzo ist der berühmteste Skiort Norditaliens. Über die Schönheit des Ortes kann man ebenfalls heftig streiten. Dennoch lohnt es sich auch hier, mehr als nur den Seitenständer zu einem ausgiebigen Bummel durch Jetset & Co. auszuklappen und den Gang durch gut 1000 Jahre pralle Geschichte zu wagen. Wenngleich der Charme vergangener Jahrhunderte an vielen Stellen heutzutage mächtig bröckelt, Cortina ist die unbestrittene »Königin der Dolomiten«. Immer noch.

Über den Passo Pordoi und 99 weitere Alpenpässe habe ich übrigens ein eigenes Buch geschrieben.

TOUR-INFOS

Strecken-Charakteristik:
Sie ist die längste Straße dieses Buches, sie ist eine wichtige Transitstrecke der Dolomiten – und sie ist eine teilweise hochalpine Verbindungsstraße mit durchaus anspruchsvollen Bergetappen. Und das Ganze sogar »für lau«.

Kombi-Möglichkeiten:
Gut kombinierbar ist sie im Grunde vor allem mit Nr. 25 – der Strada Panoramica delle Tre Cime.

Einkehr & Übernachtung:
Touristisch ist die gesamte Strecke gut erschlossen, als Etappenziel ungefähr in der Mitte empfehle ich das **Hotel Rita** in der Strada de Pareda 16 in Canazei, www.hotelrita.com.
Und als Einkehrschwung dazu das **Ristorante Col di Lana** in der Strada del Pordoi 132. Sehr lecker …

Höhenprofil

Höhenmeter bergauf: 4929 m
Höhenmeter bergab: 3997 m
Maximale Steigung: 14,5 %
Durchschnittliche Steigung: 5,6 %
Maximales Gefälle: 14,1 %
Durchschnittliches Gefälle: 5,0 %

27

Blutgetränkter Boden Kaiserjägerstraße

Anspruchsvoll in ihrer Trassierung, atemberaubend in ihrem Panorama – das ist die »Strada dell'Alpini«.

Im Ersten Weltkrieg wurde sie von österreichischen Kaiserjägern in Hand- und Schwerstarbeit aus dem Fels gehauen und diente lange Zeit der Versorgung des damaligen Frontabschnitts auf der Hochebene von Lavarone. Heute ist sie der fahrerische Geheimtipp des Trentino – und sie kostet uns nicht einmal Mautgebühren.

TOUR-TELEGRAMM

Land: Italien
Region: Trentino
Höchster Punkt: 1285 m
Basisort: Levico Terme und Lavarone
Anzahl Kehren ca.: 15
Streckenlänge insgesamt: 16 km
Schwierigkeit: Anspruchsvoll
Mautpflicht: Keine
Beste Jahreszeit: Anfang Mai bis Ende Okt.
Wintersperre: Keine
Gut kombinierbar mit: Tour 28

Die Geschichte der Straße

Bereits im tiefen Mittelalter führte ein Saumpfad, der sogenannte »Menatorweg«, vom norditalienischen Valsugana zur fruchtbaren Hochebene von Lavarone und wurde von Säumern, Viehhirten und Bauern vor allem im Sommer rege benutzt.

Um 1870 erhielten österreichische Kaiserjäger, eine Elitetruppe des damaligen österreichischen Heeres und gegründet von Kaiser Franz I., den Auftrag, einen möglichst breiten Steig in die steil aufragenden Felswände des Lavarone-Plateaus zu meißeln. Über zehn Jahre benötigten die Soldaten für diese technisch anspruchsvolle und extrem schwierige Aufgabe, die sie um 1880 erfolgreich abschlossen. Zudem wurden rund um die Trasse sieben österreichische

Sperrwerke errichtet, mächtige Anlagen, die zu den modernsten Festungswerken zählten, die Österreich-Ungarn besaß.

Noch um den Jahrhundertwechsel wurde die Straße rege benutzt und weiter befestigt, verlief aber noch bis weit in die 1960er-Jahre mit engen und steilen Kehren extrem anspruchsvoll. Erst in den 1980er-Jahren wurde die historische Strecke durchgängig asphaltiert und mit Randabsicherungen versehen.

Die Straße heute

Dennoch gehört die Kaiserjägerstraße auch heute noch zu den schwierigsten und anspruchsvollsten Pisten Norditaliens – vor allem für Auto-, aber auch für Motorradfahrer. Der Einstieg von Norden her ist wenig ausgeschildert. Folgen Sie von Levico Terme aus dem Wegweiser nach Quaere und der winzigen SP133 nach Süden. Bereits nach wenigen Kilometern liegen die ersten Spitzkehren vor Ihnen, der Tanz beginnt. Winzige Ausweichbuchten eigen sich dafür, das Bike kurz für einen Fotostopp abzustellen.

Vor allem in den Tunnelabschnitten geht es sehr eng und unübersichtlich zur Sache, auf einem gut zwei Kilometer langen Teilstück ist die Straße derart schmal, dass auch entgegenkommende Motorräder etwas zirkeln müssen. Dafür werden wir mit einer atemberaubenden Straßenführung und fantastischen Ausblicken auf den Levico- und Caldonazzo-See sowie das Tiefland von Lavarone belohnt.

Mein persönlicher Tipp

Unter der Woche zwischen 10 und 17 Uhr haben wir die Strecke nahezu für uns allein. Das sollten auch Sie für eine vergleichsweise unbeschwerte Fahrt nutzen.

Bild links:
Nicht nur an dieser Stelle der Straße wird »lenkerbreit« neu definiert.

Die Ausblicke im oberen Drittel der Piste auf den Caldonazzo-See sind erinnerungswürdig.

Zirkelarbeit: Dieser Abstieg zu einem Seegrundstück ist frei befahrbar.

Dann schließt sich der Wald um uns herum und wir erreichen mit der Albergo Monte Rovere den Scheitelpunkt und das offizielle Ende der Strecke.

Erlebenswertes im direkten Umfeld

Der an seiner tiefsten Stelle geheimnisvolle 50 Meter tiefe Lago di Caldonazzo ist nach dem Gardasee der zweitgrößte See der Provinz Trentino. Die schönsten Badestrände liegen entlang des Westufers, entlang des Ostufers pflügt die verkehrsreiche SS47. Der nur einen Katzensprung entfernte Lago di Levico ist das stille, abgeschiedene Pendant zum Caldonazzo-See. Sein Hauptort ist der Kurort Levico Terme (s. u.) mit dem Thermalbad Palazzo delle Terme und einem schönen Badestrand am Südostende des Sees. Details unter www.visittrentino.it.

Die Basisorte

Levico Terme – das ist ein Urlaubsort par excellence, eine gelungene Mischung aus Gestern und Heute. Der Ort besitzt auch in unseren Tagen noch den omnipräsenten Hauch eines Promibadeortes vergangener Jahrhunderte: Blühende Gärten und Alleen, ein gut besuchtes Kurhaus und Hotels im alten Stil prägen das Bild des sehenswerten Zentrums.

Ganze 19 sogenannte »frazioni«, also ehemals selbstständige Weiler bilden die Gemeinde Lavarone, den Namensgeber des Hochplateaus, auf den die Kaiserjägerstraße führt. Im Winter ist Lavarone bekannt für seine zahlreichen Langlaufpisten, im Sommer sind es vor allem Wanderer und Tagesausflügler, die den Ort sowie die Hochebene beleben. Kein Geringerer als Sigmund Freud verbrachte hier einige Sommerurlaube und hinterließ derart Eindruck, dass sogar die Gemeindebibliothek des Ortsteiles Gionghi nach ihm benannt wurde. Nicht nur Seelendoktor Freud soll sich rund um Lavarone perfekt erholt haben.

Am Scheitelpunkt der Straße liegt der offizielle Aussichtspunkt.

TOUR-INFOS

Strecken-Charakteristik:
Die sehr schmale, teils ausgesetzte Bergstraße mit engen Kehren und unbeleuchteten Tunnels ist historischer Boden in des Wortes kühnster Bedeutung. Eine kostenlose Geschichtsstunde sozusagen, die uns für immer in Erinnerung bleiben wird.

Kombi-Möglichkeiten:
Sie liegt etwas im Abseits südlich der großen Dolomiten, die einzige sich hier bietende Kombination wäre die mit der Monte Baldo Höhenstraße, meiner Nr. 28.

Einkehr & Übernachtung:
Ein kulinarischer Pflichttermin – das **Ristorante Nido Verde** in der Via Trieste 35 in Lavarone. Sehr lecker. Und für die erholsame Nachtruhe empfehle ich das **Hotel Eden** in der Viale Vittorio Emanuele 18 in Levico Terme, www.eden-hotel.com. Sehr gemütlich.

Höhenprofil

Höhenmeter bergauf: 1258 m
Höhenmeter bergab: 567 m
Maximale Steigung: 12,9 %
Durchschnittliche Steigung: 7,4 %
Maximales Gefälle: 12,6 %
Durchschnittliches Gefälle: 4,6 %

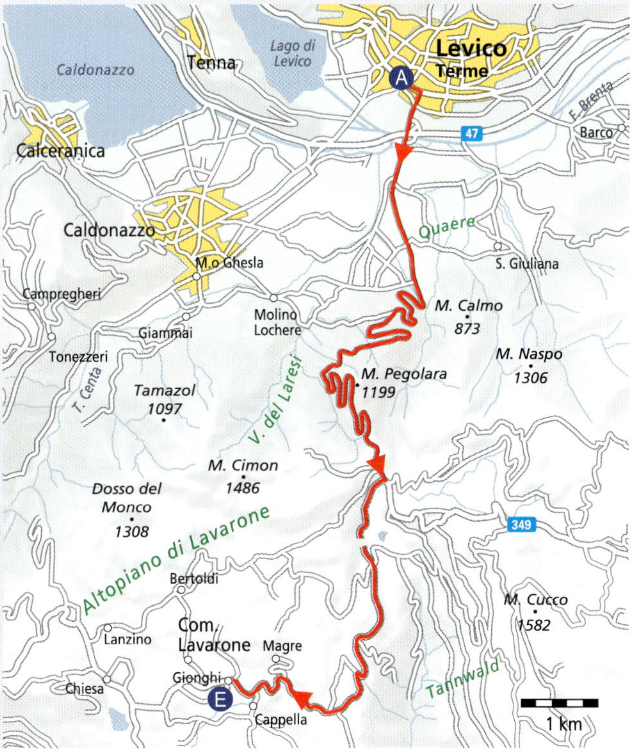

28

Gegen jedes Klischee
Monte Baldo Höhenstraße

Die Strada Panoramica del Monte Baldo ist streng genommen völlig unnötig. Doch Biker haben viel Freude an ihr.

Am Ostufer des legendären Gardasees wartet eine Höhenstraße, die uns an vielen Tagen im Jahr nahezu allein gehören wird. Sie bietet uns tolle Kurven und atemberaubende Ausblicke – zwei prächtige Argumente, sie hier ausdrücklich zu bewerben.

Die Geschichte der Straße

Aber ganz ehrlich gesagt: Sinn macht diese Panoramastraße keinen und verkehrstechnisch gebraucht wird sie definitiv auch nicht. Die »Strada Panoramica del Monte Baldo« durchquert von Caprio Veronese aufsteigend das kahle Bergmassiv rund um die berühmten kahlen Gipfelwelten des Monte Baldo, sie hat ihren Scheitelpunkt auf guten 1600 Höhenmetern und pendelt in Mori aus. Warum sie vor einigen Jahrzehnten gebaut wurde? Nun Einheimische sagen, die Besitzer der weiten Almen rund um die Ostflanke des Monte Baldo wollten sie haben, um ihre Tiere – Kühe und Schafe – im Frühling einfacher auf die Weiden zu bekommen und vor dem Winter wieder zurück ins Tal zu befördern. Und das mit möglichst großen Sammeltransporten. Zugegeben: Ein durchaus nachvollziehbares Argument.

TOUR-TELEGRAMM

Land: Italien
Region: Trentino
Höchster Punkt: 1629 m
Basisort: Caprino Veronese und Mori
Anzahl Kehren ca.: 36
Streckenlänge insgesamt: 60 km
Schwierigkeit: Leicht
Mautpflicht: Keine
Beste Jahreszeit: Anfang Mai bis Ende Okt.
Wintersperre: Keine
Gut kombinierbar mit: Tour 27

Die Auftraggeber der Piste konnten ganz offensichtlich auf volle öffentliche Kassen zugreifen. Denn sie ließen eine durchgehend asphaltierte, ja sogar für Gegenverkehr auskömmlich breite Straße bauen, die sich perfekt in die Landschaft integriert.

Mein persönlicher Tipp

Decken Sie sich morgens am Frühstücksbuffet mit ordentlich Proviant ein, nehmen Sie Decke oder Isomatte und viel Zeit mit und schwingen Sie hinauf in die Gipfelwelten des Monte Baldo. Zauberhafte Picknickplätze erwarten uns dort. Das füllt den persönlichen Akku wieder randvoll.

Die Straße heute

Jener berühmte Monte Baldo trennt übrigens mit seinem 30 Kilometer langen Bergrücken den Gardasee vom Etschtal. Er ist in seiner Form einzigartig, besitzt keinen expliziten Gipfel, sondern insgesamt fünf einzelne Spitzen, die bis auf 2200 Meter Höhe aufragen. Entlang der gesamten, nahezu komplett entwaldeten und mit Almen gesäumten Panoramastrecke locken uns zudem nicht nur herrliche Pausenplätze, sondern auch leicht erreichbare bewirtschaftete Berghütten, die einen Einkehrschwung lohnen. Und wer seine Wanderschuhe im Gepäck hat, kann zwischen mehreren verschiedenen Touren wählen, die sogar in einmaligen Ausblicken auf den im Westen liegenden Gardasee enden.

Viele Tage im Jahr haben wir diese Strecke für uns allein oder müssen sie allenfalls mit ein paar Wanderern und Mountainbikern teilen. Nur zur Sommerferienzeit tummeln sich gerne auch die Norditaliener auf diesem dann nicht mehr Geheimtipp.

Erlebenswertes im direkten Umfeld

Der See, den jeder kennt, so mancher hasst und viele von uns im Sommer weiträumig

Bild links: Schon schön: Blick auf den Gardasee im Spätsommer

Die gesamte Straße folgt dem natürlichen Verlauf der bereits alpinen Landschaft.

Auch Hardcore-Enduristen begeistert die Panoramastraße samt zahlreicher Offroad-Abstecher.

umfahren, entfaltet seinen unwiderstehlichen Reiz vor allem in der Nebensaison. Dann können wir den Gardasee auch auf der Uferstraße nach Malcesine und Castello di Brenzone genüsslich umrunden. Malcesine wird auch als »Perle des Gardasees« bezeichnet, ein Bummel durch die vielen kleinen Gassen mit ihren Tante-Emma-Läden ist ein Erlebnis für Jung und Alt. Davon war übrigens 1786 bereits Johann Wolfgang von Goethe schlichtweg begeistert. Beim Skizzieren der Skaligerburg wurde er allerdings wegen Spionageverdachts verhaftet und von der Polizei verhört. Das kann uns heute nicht mehr passieren.

Die Basisorte

Caprino Veronese ist das offizielle Zentrum der »Communità montana del Baldo« – der Monte-Baldo-Berggemeinden. Eben jener markante Bergrücken ist es auch, der den Ort zu einem beliebten Ausgangspunkt für allerlei Exkursionen in die Bergwelt machte. Und nach einem Tag in den Bergen ist der Katzensprung hinunter an das Ufer des Gardasees dann ein Kontrastprogramm, an das wir uns noch lange erinnern werden.

Ganz am Nordende der Höhenstraße sollten Sie sich unbedingt einen Boxenstopp in Mori gönnen, und zwar in der Gelateria Pasticceria Bologna in der Via Garibaldi 12. Viele sagen, hier gäbe es das beste Eis der gesamten Gardasee-Region. Gleichwohl die Heimat der besten Gelatieri Italiens ja im Cadoretal in der Provinz Belluno – also fernab von Mori liegt – hat es zumindest einen echten Meister seines Faches hierhin verschlagen. Definitiv!

Weltbekannt: Blick auf Torbole und den Gardasee

TOUR-INFOS

Strecken-Charakteristik:
Sie ist der fahrerische Höhepunkt der Gardasee-Region, die kurven- und kehrenreiche Bergstraße, gewürzt mit wenigen Engstellen entführt uns an die einsamen Hänge des Monte Baldo. Und das auf bemerkenswert ordentlicher Panoramapiste.

Kombi-Möglichkeiten:
Die Kombination mit Nr. 27, der Kaiserjägerstraße, beschert uns nicht nur Abwechslung, sondern auch eine echte Herausforderung.

Einkehr & Übernachtung:
Mein Lieblings-Eiscafé in Mori habe ich ja links bereits erwähnt, als weiteren Einkehrschwung empfehle ich einen kleinen Geheimtipp: das **Ristorante San Marco** in der Piazza San Marco 19 in Caprino Veronese, www.sanmarcocaprino.it.

Eine erholsame Übernachtung mitten zwischen beiden Kombi-Möglichkeiten bietet das **B&B Relais Mozart** in Rovereto, www.relaismozart.it.

Höhenprofil

Höhenmeter bergauf: 2515 m
Höhenmeter bergab: 2577 m
Maximale Steigung: 13,5 %
Durchschnittliche Steigung: 4,7 %
Maximales Gefälle: 12,8 %
Durchschnittliches Gefälle: 6,6 %

Pausenplätzchen am herrlichen Lac de Moiry.

Schweizer Alpen

Landschaften wie aus dem Bilderbuch erwarten uns.

29

Ein traumhaftes Doppelpack Val d'Anniviers / Zinal-Hochtalstraße

Grandiosen Genuss für Motorradfahrer hält diese Route im Val d'Anniviers bereit.

Fragt man nach den Highlights des Wallis, ertönen rasch die Namen Saastal mit Saas-Fee oder Mattertal und Matterhorn. Doch diese Strecken sind für Biker kein echter Genuss. Das Val d'Anniviers mit seiner Zinal-Hochtalstraße hingegen schon. Ein grandioser dazu …

TOUR-TELEGRAMM

Land: Schweiz
Region: Wallis
Höchster Punkt: 2350 m
Basisort: Sierre im Wallis
Anzahl Kehren ca.: 30
Streckenlänge insgesamt: 71 km
Schwierigkeit: Mittelschwer
Mautpflicht: Keine
Beste Jahreszeit: Anfang Juni bis Anfang Okt.
Wintersperre: Keine
Gut kombinierbar mit: Tour 30

Die Geschichte der Straße

»Das Tal, das irgendwo zwischen Himmel und Erde hängt« mit diesen schlichten Worten soll Rainer Maria Rilke einstmals seiner Begeisterung Ausdruck verliehen haben. Trefflicher ist es auch heutzutage kaum zu beschreiben, aber vielleicht etwas »euphorischer«. Denn das Val d'Anniviers ist für mich das schönste Hochtal des Wallis.

Ein Hochtal, das sich nach zwei Dritteln der Wegstrecke gabelt und dessen Erschließung eine technische Meisterleistung des Menschen ist. »Couronne impériale« – Kaiserkrone oder »Krone von Zinal« wird der Talschluss von Zinal genannt. Letztendlich mit ausschlaggebend für die Trassierung des Val d'Anniviers war sicherlich die Notwendigkeit, die ganzjährig bewohnten Ortschaften und Bergbauernhöfe mit dem

Haupt-, dem Rhonetal zu verbinden. Der zweite Grund war der Bau des gewaltigen Sperrwerkes Lac de Moiry ganz am Ende der westlichen Talzunge.

1958 von Alfred Stucky, einem der renommiertesten Schweizer Architekten für Talsperren, erbaut, staut die 148 Meter hohe und 610 Meter lange Bogengewichtsmauer bis zu 77 Millionen Kubikmeter eiskaltes Nass auf – oder anders ausgedrückt: 385 Millionen Badewannen gefüllt mit türkisfarbenem Schmelzwasser.

Mein persönlicher Tipp

Planen Sie diese Tour ausschließlich bei schönem, stabilem Hochdruckwetter. Ich habe 2010 oben am Fuß des Zinal-Gletschers einen Wetterumschwung erlebt, der mir die Urgewalt der Natur in einer Art und Weise vor Augen gehalten hat, wie ich es nie wieder erleben möchte. Schon gar nicht wie damals im Mopedsattel.

Die Straße heute

Der Genuss des bezaubernden Val d'Anniviers beginnt gleich hinter den letzten Häusern von Sierre im weiten Rhonetal. Acht waschechte Spitzkehren erwarten uns und verdeutlichen die Notwendigkeit, ein gerüttelt Maß an Erfahrung im Mopedsattel mitzubringen.

In Vissoie scheidet sich der Weg talaufwärts, rechts geht es über Grimentz hinauf zum Lac de Moiry auf 2250 Metern Höhe. Als Paradies vor allem für Wanderer lockt der See aber auch uns Biker zu einem ausgiebigen Boxenstopp vor prächtigem Alpenpanorama. Denn der türkisfarbene Speicher kann entlang seines Ostufers komplett und vor allem legal befahren werden. Wenden Sie also keinesfalls zu früh!

Bild links: Berghütten im Alpensommer im Val d'Anniviers

Die Ostuferstrecke des Lac de Moiry kann befahren werden. Genießen Sie es!

Blick auf Grimentz und den unteren Teil des Val d'Anniviers

Zurück in Vissoie erinnern Sie sich bitte an den Abstecher rechter Hand weiter gen Süden in den anderen Zipfel des Val d'Anniviers. Dort erwartet uns nämlich die mautfreie Zinal-Hochtalstraße. Bis auf gut 1700 Meter Höhe geht es äußerst kurvenreich dahin, am Kiesbett des Navisence ist dann auch für Handenduros Schluss.

Erlebenswertes im direkten Umfeld

Nehmen Sie sich mindestens eine Woche Zeit für dieses herrliche Fleckchen Schweizer Alpenwelt namens Wallis. Und unternehmen Sie unbedingt auch einen Tagesausflug in das zweigeteilte Tal Val d'Herens/Val d'Hérémence südlich von Sion. Nicht nur der Talschluss des Val d'Hérémence mit seinem zu Fuß oder via Seilbahn zu erreichenden, riesigen Speichersee Lac de Dix, auch Arolla am Ende des Val d'Herens bieten herrliche Möglichkeiten, zu Fuß weit in die Gletscherwelten der Walliser Alpen vorzudringen. Das Ganze sogar gänzlich ohne hochalpine Fähigkeiten und Ausrüstungen – festes Schuhwerk, wie unsere Bikerstiefel reichen da schon allemal aus. Infos unter www.herens-vacances.ch.

Der Basisort

Nachhaltige Bedeutung erlangte Sierre durch den Weinbau an den Nordhängen des Tales, für den bereits im Mittelalter ein ausgeklügeltes Bewässerungssystem erfunden und gebaut wurde – die sogenannten

Suonen. Wasserführende Kanäle, die entweder in den Fels gehauen oder auf Holzkonstrukten atemberaubend steile Felshänge überwinden konnten und so das wertvolle Nass auf jeden Weinberg transportierten. Sierres zweites Standbein war die strategisch bedeutsame Lage direkt an der wichtigen Handelsroute über den Simplonpass. Die betreffenden Zölle machten die Bürger von Sierre wohlhabend. Heute ist Sierre eine erlebenswert quirlige Stadt mit einem sehenswerten Zentrum, zahlreichen Museen sowie einem prallvollen Kulturprogramm. Ein idealer Tourenstandort also.

Auch das Bergdorf Vissoie lohnt einen Rundgang zu Fuß.

TOUR-INFOS

Strecken-Charakteristik:
Kurven- und kehrenreiche Bergstraße, die zunächst noch durch sehenswerte Dörfer führt, sich im oberen Teil gabelt und bis in die lebensfeindlichen Welten der Walliser Alpen führt. Planen Sie diese Tour nur bei beständig schönem Wetter ein. Dann lohnt es sich umso mehr.

Kombi-Möglichkeiten:
Nutzen Sie das Wallis samt Val d'Anniviers, um sich in atemberaubender Umgebung »warm« zu fahren, bevor Sie die letzte Panoramastraße dieses Buches, die Nr. 30 in Angriff nehmen.

Einkehr & Übernachtung:
Die besten Crêpes im Wallis gibt's im **Restaurant Au Manoir d'Anniviers**, Route de Sierre 20 in Vissoie.

Gemütlich übernachten können Sie u. a. im **Hotel de la Poste**, Rue du Bourg 22 im erlebenswerten Herzen von Sierre, www.hotel-sierre.ch.

Höhenprofil

Höhenmeter bergauf: 3155 m
Höhenmeter bergab: 2551 m
Maximale Steigung: 14,1 %
Durchschnittliche Steigung: 5,7 %
Maximales Gefälle: 13,6 %
Durchschnittliches Gefälle: 4,9 %

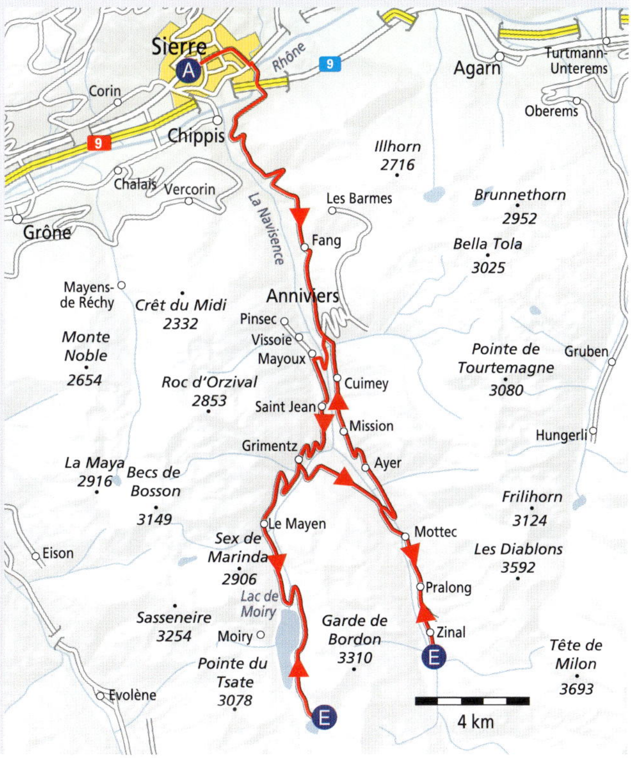

30

Ein Finale furioso Griesalp

Haben Sie schon einmal satte 28 Prozent Steigung im Mopedsattel erlebt? Kombiniert mit hautengen Kehren und Postbus-Gegenverkehr?

Wir sind am Ende dieses Buches angelangt und keine andere Panoramastraße wäre geeigneter, uns einen letzten Höhepunkt zu schenken.

TOUR-TELEGRAMM

Land: Schweiz
Region: Berner Oberland
Höchster Punkt: 1413 m
Basisort: Reichenbach im Kandertal
Anzahl Kehren ca.: 19
Streckenlänge insgesamt: 25 km
Schwierigkeit: Sehr anspruchsvoll
Mautpflicht: ja (2015: ca. 8,– Euro)
Beste Jahreszeit: Ende Mai bis Mitte Okt.
Wintersperre: Anfang Nov. bis mindestens Ende April
Gut kombinierbar mit: Tour 29

Die Geschichte der Straße

Bereits seit 1899 existiert eine Postkutschenlinie von Reichenbach im Kandertal hinein ins Kiental bis zu dessen Talschluss. Zur damaligen Zeit war die gut 500 Höhenmeter oberhalb gelegene Griesalp eine reine Sommerweide für das Vieh und mit einer Kutsche sowieso unerreichbar. 1930 wurde die Kutsche durch ein Postauto ersetzt und zugleich die Idee geboren, die Poststrecke bis hinauf auf die Griesalp zu verlängern. Ein wagemutiges und technisch schwieriges Unterfangen musste die Trasse doch entlang steil aufragender Felswände verlegt werden. Enorme Steigungen und mehrere ganzjährig aktive Wasserfälle mussten umgangen bzw. in die Streckenführung integriert werden. Doch auch die fertige, kaum mehr als einspurige Straße verlangte den Fahrern der historischen Postbusse alles Können ab. Seit diesen Tagen ist die Linie auf die Griesalp die steilste Postbusstrecke Europas.

Die Straße heute

Und bis heute haben diese übrigens Kleintransportergröße besitzenden Postbusse absolute Vorfahrt und polizeiähnliche Weisungsbefugnis. Die Fahrer entscheiden, wo und wie wir ausweichen müssen, deshalb schauen Sie auf den Fahrplan des Busses, bevor Sie den Aufstieg in Angriff nehmen.

Der beginnt nach der Durchquerung des lieblichen Kientales und dem Passieren der Mautstelle. Deren Kassierer hat übrigens stets aktuelle Informationen über den Straßenzustand der gesamten Strecke samt Öffnungszeiten der auf der Alpe liegenden bewirtschafteten Berghütten. Fragen Sie nach. Umgehend nach Bezahlen der Maut beginnt der Steilanstieg mit bis zu atemberaubenden 28 Prozent Steigung. Lauschen Sie unbedingt auf die Hupzeichen des Postbusses respektive der Geländewagen der Alpbauern. Die preschen nämlich mit ordentlich Speed ins Tal. Auf der Griesalp erwartet uns dafür ein Naturrefugium, wie es schöner kaum noch sein kann. Achten Sie allerdings bei Ihrem Aufenthalt darauf, nicht in die Dunkelheit zu geraten. Denn auch der Rückweg mit derartigem Extremgefälle ist keinesfalls zu unterschätzen. Schon gar nicht bei einsetzender Dunkelheit.

Mein persönlicher Tipp

Sind Sie ein erfahrener Biker und solo auf Ihrer von Seitenkoffern befreiten Maschine unterwegs, gönnen Sie sich diesen Abstecher über die steilste Postbusstrecke der Alpen vorbei an rauschenden Sturzbächen hinauf auf die Alpe. Ein schöneres Pausenplätzchen findet sich selten. Anfänger oder randvoll beladene Bikes sollten an der Mautstelle umdrehen – auch ich habe es schon zweimal getan. Kein Grund sich zu schämen …

Erlebenswertes im direkten Umfeld

Der Thunersee im Norden des Kandertales ist ein Alpensee im Berner Oberland, gut

Bild links: Ganz beschaulich beginnt die Fahrt durch das liebliche Kiental.

Ein Naturrefugium ohnegleichen erwartet uns im Kiental und auf der Griesalp.

Dem Mopedhimmel ganz nah sind wir auf der Griesalp.

50 Quadratkilometern groß, mit einer maximalen Tiefe von 220 Meter. Seit 1835 gibt es auf dem See eine berühmte Passagierschifffahrt, heutzutage mit immerhin zehn Schiffen, darunter dem historischen Schaufelraddampfer »Blümlisalp« sowie einem weithin bekannten Drachenschiff. An seinem Westufer liegt das sehenswerte Städtchen Thun direkt am Ausfluss der Aare aus dem Thunersee. Der historische Stadtkern mit dem Schlossberg, der Unterstadt, der oberen Hauptgasse und dem Bälliz lohnt eine ausführliche Erkundung. Jener Bälliz ist eine Insel in der Aare, sie gehört seit dem 14. Jahrhundert zur Stadt und ist seit 1988 eine riesige Fußgängerzone. Und heutzutage das kulturelle Zentrum sowie eine beliebte Flaniermeile. Infos unter www.thunersee.ch.

Der Basisort

Rund um Reichenbach im Kandertal siedelten bereits die Kelten, der Name des Flusses Kander bedeutete »die Weiße«. Seit 1528 ist Reichenbach eine eigenständige Gemeinde und profitierte in der Folge ganz besonders auch vom Bädertourismus Richtung Leuk im Wallis. Das bewahrte allerdings nicht vor Armut, im 17. und 18. Jahrhundert flüchteten viele Menschen aus dem Kandertal in andere Regionen der Schweiz bzw. Europas. Der Lötschbergtunnel brachte 1913 den langersehnten »Anschluss an die Welt da draußen«, heute ist Reichenbach eines der beliebtesten Ziele im Kandertal. Eines, von dem aus sich auch die Erkundung von Kandersteg, dem Tor zum Wallis, im Südwesten einmal lohnt.

Die Wasserfälle im Kiental gehören zu den schönsten der Schweiz.

TOUR-INFOS

Strecken-Charakteristik:
Unsere letzte Panoramastraße ist fahrerisch sehr anspruchsvoll, sie führt als äußerst schmale Sackgasse in vielen Kurven und Kehren steil hinauf auf eine Hochebene. Und der entgegenkommende straßenfüllende Postbus hat immer Vorfahrt.

Kombi-Möglichkeiten:
Wie im vorhergehenden Kapitel bereits empfohlen, nutzen Sie das Wallis möglichst intensiv, um sich für die Griesalp »warm« zu fahren. Erst dann sollten Sie als erfahrener Biker diese letzte Panoramastraße angehen.

Einkehr & Übernachtung:
Das **Berggasthaus Golderli** oben auf der Griesalp belohnt für all den Stress während des Aufstieges und bietet neben leckerer Küche auch einige Zimmer, www.golderli.ch.

Urig-typisch und erlebenswert übernachten Sie unten im Tal im **Hotel Bären** direkt im Ort Kiental, www.baerenkiental.ch.

Höhenprofil

Höhenmeter bergauf: 1144 m
Höhenmeter bergab: 175 m
Maximale Steigung: 28,2 %
Durchschnittliche Steigung: 7,8 %
Maximales Gefälle: 4,5 %
Durchschnittliches Gefälle: 2,5 %

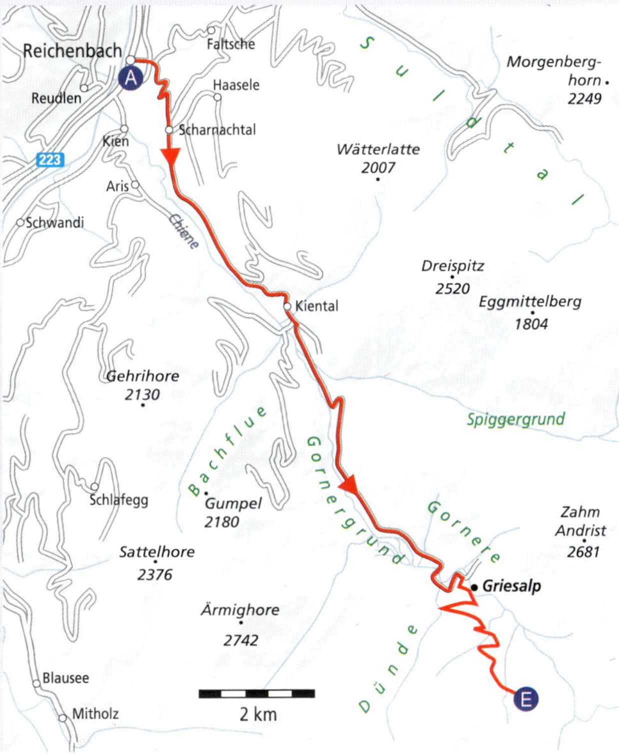

Anhang

Alle Panoramastraßen alphabetisch mit Kurzbeschreibung

Brandnertal Höhenstraße
Das Brandnertal – oder exakt ausgedrückt – die Höhenstraße im Brandnertal ist nicht explizit ausgewiesen, kostet keine Maut und hat uns trotzalledem so viel Fahrspaß zu bieten, dass allein diese Tatsache schon reicht, um sie in dieses Buch aufzunehmen.

Drei Zinnen Panoramastraße / Strada Panoramica delle Tre Cime
Sie zählt zu Norditaliens schönsten Panoramastraßen, wohl selten waren gute 10 Euro Motorradmaut besser investiert, als auf ihr. Und in ihrem Umfeld erwarten uns weitere fahrerische und landschaftliche Highlights – allesamt mautfrei.

Egger Alm Panoramastraße
Die Panoramastraße hinauf zur und entlang des weiten Hochtales der Egger Alm ist ein prächtiger Genuss vor allem für Naturfreunde. Und ihr Anstieg von Hermagor aus hat durchaus mittelschwere Abschnitte.

Gerlitzen Alpenstraße
Die Gerlitzen ist ein echter Geheimtipp unter Gleitschirmfliegern und ihre panoramareiche Piste hinauf auf den Berg ein viel zu kurzes, dennoch tolles, ja einzigartiges Fahrvergnügen.

Gerlos Alpenstraße
Sie bildet den Übergang zwischen Tirol und Salzburger Land, sie führt uns direkt hinüber zu großartigen Naturschauspielen – und sie gibt es auch als Variante für Sparfüchse.

Griesalp
Haben Sie schon einmal satte 28 Prozent Steigung im Mopedsattel erlebt? Kombiniert mit hautengen Kehren und Postbus-Gegenverkehr? Kein Terrain für Otto-Normalbiker!

Große Dolomitenstraße
Die Große Dolomitenstraße – allein der Klang ihres Namens lässt Bikers Gashand chronisch jucken. Sie ist die älteste und für viele auch schönste Ferien- und Panoramastraße der norditalienischen Dolomiten. Gebaut als Huldigung an Kaiser Franz Joseph I. zu dessen fünfzigjährigem Thronjubiläum. Welch ein Geschenk!

Großglockner Hochalpenstraße
Sie zählt nicht nur zu den Klassikern, sondern bis heute zu den absoluten Highlights aller Motorradstrecken Österreichs, ja ich möchte sogar behaupten, der gesamten Alpenregion. Und es gehört zweifelsohne zum Pflichtprogramm eines jeden Bikerlebens, mindestens einmal genussvoll die Großglockner Hochalpenstraße erobert zu haben.

Hochrindl Almenstraße
Kristallklare Luft, blitzblauer Himmel, duftende Almkräuter, rauschende Bäche und bezaubernde Augenblicke im Farbenspiel der Jahreszeiten – rund um den Hochrindl betreten wir echtes Kärntner Almenland.

Kaiserjägerstraße / Strada dell'Alpini
Im Ersten Weltkrieg wurde sie von österreichischen Kaiserjägern in Hand- und

Bild links: Morgenstimmung auf der Rampe hinauf zum Falzarego-Pass in den Dolomiten

Die kulinarische Stärkung ist nicht minder wichtig: meine Tipps dazu gibt's zu jeder Tour.

Schwerstarbeit aus dem Fels gehauen und diente lange Zeit der Versorgung des damaligen Frontabschnitts auf der Hochebene von Lavarone. Heute ist sie der fahrerische Geheimtipp des Trentino – und sie kostet uns nicht einmal Mautgebühren.

Kalser Glocknerstraße

Wer glaubt, dass uns nur die Großglockner Hochalpenstraße auf unmittelbare Tuchfühlung an die atemberaubenden Flanken von Österreichs höchstem Berg heranführt, der täuscht sich. Es gibt noch eine zweite Panoramastraße im Südwesten, eine der weitgehend unbekannten Perlen Osttirols.

Kaunertaler Gletscherstraße

Sie ist eine der schönsten Sackgassen Tirols und führt uns hinauf in hochalpines Gelände. Das schränkt ihre Nutzung für Motorradfahrer zwar zeitlich deutlich ein, dennoch gehört sie zu den Pflichtterminen in Bikers Lebens-Roadbook.

Kitzbüheler Horn Panoramastraße

Eine Panoramastraße in Kitzbühel – das klingt recht mondän. Doch statt High Society und Schickimicki gibt's grandiose Ausblicke und echten Gegenwert.

Loser Panoramastraße

Unbeschwerten Fahrspaß plus eines der schönsten Bergpanoramen der Steirischen Alpen für eine Handvoll Euro – was will Biker mehr?

Malta Hochalmstraße

Das »Tal der Wasserfälle« wird es genannt und seine Panoramastraße führt natürlich auch zu den schönsten Aussichtspunkten auf diese Urgewalten der Natur, auf »Schleier-« und Melnikfall, auf die »Hochbrücke« und von ewigen Wassern tief gegrabene Kolke und Tümpfe.

Monte Baldo Höhenstraße / Strada Panoramica del Monte Baldo

Am Ostufer des legendären Gardasees wartet eine ausblickreiche Höhenstraße, die uns an vielen Tagen im Jahr nahezu allein gehören wird. Sie bietet uns tolle Kurven und atemberaubende Ausblicke – das allein sind schon zwei gute Argumente, sie hier zu bewerben.

Nockalmstraße

Eingebettet in die herrliche Natur des »Nationalparks Nockberge« führt diese Panoramastraße den Motorradfahrer von gut 1000 auf über 2000 Höhenmeter durch eine Unberührtheit, wie sie heutzutage selten ist. Nur ein paar hübsche Einkehrmöglichkeiten in oftmals grandioser Aussichtslage versuchen uns, vom »rechten Weg« zu locken.

Ötztaler Gletscherstraße
Sie besitzt den höchstgelegenen Straßentunnel Europas und führt faktisch über den höchsten auch für Motorradfahrer auf Asphalt erreichbaren Punkt der Alpen. Dass Letzteres Anlass für einen seit Jahren schwelenden Streit ist, sollte uns niemals davon abhalten, auch diese atemberaubende Panoramastraße ausgiebig zu erfahren.

Panoramica delle Vette
Diese atemberaubende Panoramastraße sollten Sie nur an wirklich schönen, klimatisch stabilen Tagen erobern. Und selbst dann ist sie fahrerisch als anspruchsvolle Strecke einzustufen. Und bei Wetterumschwüngen wird die Piste sehr schnell riskant. Umkehren ist dann keine Schande – auch ich habe es bereits zweimal vorgezogen.

Postalm Panoramastraße
Die Postalm südöstlich von Salzburg ist das größte zusammenhängende Almgebiet Österreichs und mit sage und schreibe 40 Quadratkilometern immerhin noch das zweitgrößte Europas. Und sie ist der beliebteste Bikertreff des Salzburger Landes – also auch für uns ein absolutes Muss.

Pustertaler Höhenstraße
Das Pustertal kennen viele, die am Nordhang verlaufende Höhenstraße wenige. Mit Ausnahme der Anwohner dort oben – und die finden es dort oftmals so schön, dass sie nicht einmal die Stadt mit der höchsten Lebensqualität von dort weglocken kann.

Rossfeld Panoramastraße
Deutschlands schönster Zipfel – das herrliche Berchtesgadener Land – besitzt einen Schatz, den Sie sich unbedingt gönnen müssen. Nein ich meine nicht den Königssee (dazu auf Seite 13 mehr), sondern die Rossfeld Panoramastraße. So herrlich, dass einer ihrer Ausblicke es sogar auf den Titel dieses Buches geschafft hat.

Schlegeis Panoramastraße
Der Schlegeis-Speicher zählt zu den landschaftlichen und auch technischen Höhepunkten des gesamten Zillertales. Und die Panoramastraße dorthin zu den fahrerischen Leckerbissen der Region.

Silvretta Hochalpenstraße
Die Silvretta-Bielerhöhe ist nicht ohne Grund das imposanteste Ziel im Montafon. Denn hier thront der berühmte Piz Buin, mit 3312 Metern immerhin der höchste Berg Vorarlbergs und gleichzeitig mächtiger »Grenzstein« zur Schweiz. Und falls Sie sich immer schon gefragt haben, ob der Berg und eine der bekanntesten Sonnencremes der Welt irgendwie zusammenhängen, dann lesen Sie bitte ab Seite 28 weiter …

Stoderzinken Alpenstraße
Die schönste und höchste Alpen-Panoramastraße der Steiermark gehört natürlich in dieses Buch – zumal sie auch noch mautfrei ist.

Tauplitzalm Alpenstraße
Natürlich ist auch das größte, mit sechs traumhaften Seen verzierte, Hochplateau Mitteleuropas über eine Panoramastraße bequem zu erreichen. Nicht nur motorradfahrende Allergiker sind von dieser Tatsache begeistert, auch die geringe Mopedmaut macht Lust auf einen Besuch dort oben.

Nicht nur in den Dolomiten gibt es Kurven beinahe ohne Ende, wie dieses Buch beweist.

Trattberg Panoramastraße

Er ist eines der beliebtesten Ausflugsziele im Salzburger Land: der Trattberg mit seinem weiten Hochplateau, seinen Almen und bewirtschafteten Berghütten. Und eine kurvenreiche Panoramastraße ermöglicht auch Motorradfahrern den Aufstieg ganz bequem im Mopedsattel. Und das »für 'n Appel und 'n Ei«.

Villacher Alpenstraße

Die Villacher Alpenstraße gehört noch zu den Geheimtipps dieses Buches, ist sie doch bislang wohl eher den Einwohnern der Kärntner Großstadt bekannt. Die gut ausgebaute Strecke führt auf den Villacher Hausberg, den Dobratsch und bietet trotz der Tatsache, dass man die letzten 400 Höhenmeter nur noch zu Fuß zurücklegen kann einige mehr als prächtige Gründe, ein paar Euro in die Maut zu investieren.

Zillertaler Höhenstraße

Sie ist das heimliche Highlight des berühmten Zillertales, sie ist beliebt bei Mountainbikern, Gleitschirmfliegern, Wanderern und Ausflugstouristen. Sie zählt zu den schönsten Panoramastraßen Österreichs, gleichwohl sich dies – erfreulicherweise – noch nicht vollumfänglich herumgesprochen hat. Deshalb geht es dort oben auch im Sommer durchaus noch beschaulich zu.

Val d'Anniviers / Zinal-Hochtalstraße

Fragt man nach den Highlights des Wallis, ertönen rasch die Namen Saastal und Saas-Fee oder Mattertal und Matterhorn. Doch diese Strecken sind für Biker kein echter Genuss. Das Val d'Anniviers mit der Zinal-Hochtalstraße hingegen schon. Ein grandioser Hochgenuss, dessen Schwierigkeit allerdings nicht nur im hochalpinen Wetter liegt.

Übersicht der Panoramastraßen

Tour	Land	Region	Straße	Maut	Max. Höhe	Länge	Kehren	Höhenmeter
1	D	BGL, Salzburger Land	Rossfeld Panoramastraße	4,00 €	1575 m	27 km	9	1320 m
2	A	BGL, Salzburger Land	Trattberg Panoramastraße	2,50 €	1563 m	22 km	10	1453 m
3	A	BGL, Salzburger Land	Postalm Panoramastraße	3,50 €	1320 m	45 km	20	1597 m
4	A	Vorarlberg, Tirol	Brandnertal	keine	1575 m	19 km	9	1229 m
5	A	Vorarlberg, Tirol	Silvretta Hochalpenstraße	12,00 €	2040 m	95 km	42	2562 m
6	A	Vorarlberg, Tirol	Kaunertaler Gletscherstraße	13,00 €	2750 m	39 km	27	2283 m
7	A	Vorarlberg, Tirol	Ötztaler Gletscherstraße	9,50 €	2829 m	17 km	9	1585 m
8	A	Vorarlberg, Tirol	Schlegeis Alpenstraße	8,00 €	1805 m	24 km	11	1645 m
9	A	Vorarlberg, Tirol	Zillertaler Höhenstraße	5,00 €	2030 m	50 km	29	2298 m
10	A	Vorarlberg, Tirol	Gerlos Alpenstraße	5,50 €	1630 m	48 km	17	1551 m
11	A	Vorarlberg, Tirol	Kitzbüheler Horn Panoramastraße	8,00 €	1675 m	11 km	16	1021 m
12	A	Vorarlberg, Tirol	Pustertaler Höhenstraße	keine	1445 m	34 km	15	1530 m
13	A	Vorarlberg, Tirol	Kalser Glocknerstraße	5,00 €	1925 m	20 km	9	1581 m
14	A	Kärnten, Osttirol	Großglockner Hochalpenstraße	24,50 €	2571 m	112 km	49	4520 m
15	A	Kärnten + Steiermark	Malta Hochalmstraße	10,00 €	1922 m	30 km	9	1633 m
16	A	Kärnten + Steiermark	Loser Panoramastraße	5,00 €	1632 m	16 km	15	1142 m
17	A	Kärnten + Steiermark	Tauplitzalm Alpenstraße	5,00 €	1657 m	13 km	8	1060 m
18	A	Kärnten + Steiermark	Stoderzinken Alpenstraße	keine	1832 m	13 km	10	1366 m
19	A	Kärnten + Steiermark	Nockalmstraße	10,00 €	2054 m	58 km	46	2280 m
20	A	Kärnten + Steiermark	Hochrindl Almenstraße	keine	1597 m	43 km	12	1578 m
21	A	Kärnten + Steiermark	Gerlitzen Alpenstraße	8,00 €	1765 m	13 km	14	1407 m
22	A	Kärnten + Steiermark	Villacher Alpenstraße	9,50 €	1732 m	20 km	7	1389 m
23	A	Kärnten + Steiermark	Egger Alm Panoramastraße	keine	1423 m	17 km	16	1083 m
24	I	Trentino – Südtirol	Panoramica delle Vette	keine	1979 m	34 km	46	2473 m
25	I	Trentino – Südtirol	Drei Zinnen Panoramastraße	12,00 €	2330 m	8 km	9	725 m
26	I	Trentino – Südtirol	Große Dolomitenstraße	keine	2239 m	118 km	103	4929 m
27	I	Trentino – Südtirol	Kaiserjägerstraße	keine	1285 m	16 km	15	1258 m
28	I	Trentino – Südtirol	Monte Baldo Höhenstraße	keine	1629 m	60 km	36	2515 m
29	CH	Schweizer Alpen	Val d'Anniviers / Zinal-Hochtalstraße	keine	2350 m	71 km	30	3155 m
30	CH	Schweizer Alpen	Griesalp	8,00 €	1413 m	25 km	19	1144 m

Register

Impressum

Verantwortlich: Claudia Hohdorf
Redaktion: Martin Distler
Layout: Ute Schneider
Satz: Elke Mader
Repro: Cromika, Verona
Kartografie: Heidi Schmalfuß
Herstellung: Anna Katavic
Printed in Italy by Printer Trento

★★★★★

Sind Sie mit diesem Titel zufrieden? Dann würden wir uns über Ihre Weiterempfehlung freuen.
Erzählen Sie es im Freundeskreis, berichten Sie Ihrem Buchhändler, oder bewerten Sie bei Onlinekauf. Und wenn Sie Kritik, Korrekturen oder Aktualisierungen haben, freuen wir uns über Ihre Nachricht an den Bruckmann Verlag, Postfach 40 02 09, D-80702 München oder per E-Mail an lektorat@verlagshaus.de.

Unser komplettes Programm finden Sie unter www.bruckmann.de

Alle Angaben dieses Werkes wurden vom Autor sorgfältig recherchiert und auf den neuesten Stand gebracht sowie vom Verlag geprüft. Für die Richtigkeit der Angaben kann jedoch keine Haftung übernommen werden.

Autorenempfehlung
Sie sind auf der Suche nach weiterführender Literatur? Dann empfehle ich Ihnen den Titel »Alpenklassiker« von Markus Golletz und mir.
Ihr Heinz E. Studt

Bildnachweis: Alle Bilder stammen vom Autor.
Umschlagvorderseite: Die Rossfeld Panoramastraße im Salzburger Land
Umschlagrückseite: Auf der Strada Panoramica delle Tre Cime

Die Deutsche Nationalbibliothek verzeichnet diese Publikation in der Deutschen Nationalbibliografie; detaillierte bibliografische Daten sind im Internet über http://dnb.d-nb.de abrufbar.

ISBN 978-3-7343-0103-2